UN HOMBRE DE DIOS

CHARLES F. STANLEY

UN HOMBRE DE DIOS

GUÍA A TU FAMILIA BAJO LA DIRECCIÓN DE DIOS

La misión de *Editorial Portavoz* consiste en proporcionar productos de calidad —con integridad y excelencia—, desde una perspectiva bíblica y confiable, que animen a las personas a conocer y servir a Jesucristo.

Título del original: *Man of God* © 2013 por Charles F. Stanley y publicado por David C. Cook, 4050 Lee Vance View, Colorado Springs, CO 80918. Traducido con permiso.

Edición en castellano: *Un hombre de Dios* © 2014 por Editorial Portavoz, filial de Kregel Publications, Grand Rapids, Michigan 49505. Todos los derechos reservados.

Traducción: Belmonte Traductores, www.belmontetraductores.com

Ninguna parte de esta publicación podrá ser reproducida, almacenada en un sistema de recuperación de datos, o transmitida en cualquier forma o por cualquier medio, sea electrónico, mecánico, fotocopia, grabación o cualquier otro, sin el permiso escrito previo de los editores, con la excepción de citas breves o reseñas.

A menos que se indique lo contrario, todas las citas bíblicas han sido tomadas de la versión Reina-Valera © 1960 Sociedades Bíblicas en América Latina; © renovado 1988 Sociedades Bíblicas Unidas. Utilizado con permiso. Reina-Valera 1960™ es una marca registrada de la American Bible Society, y puede ser usada solamente bajo licencia.

EDITORIAL PORTAVOZ
2450 Oak Industrial Dr. NE
Grand Rapids, Michigan 49505 USA
Visítenos en: www.portavoz.com

ISBN 978-0-8254-5609-1 (rústica)
ISBN 978-0-8254-6404-1 (Kindle)
ISBN 978-0-8254-7933-5 (epub)

3 4 5 / 18

Impreso en los Estados Unidos de América
Printed in the United States of America

CONTENIDO

1 El hombre verdadero 7

2 El hombre de acero y terciopelo 21

3 Un buen proveedor… y algo más 37

4 El líder de Dios 51

5 Instructor en casa 67

6 Amor verdadero 85

7 El hombre sincero 97

8 Un hombre de Jesús 109

Guía de estudio 121

Apéndice A 175

Apéndice B 177

Uno
EL HOMBRE VERDADERO

En la privacidad de mi oficina pastoral, escuché la queja que me lanzó a esta aventura de reclamar el lugar del hombre bajo la perspectiva de Dios. Una mujer de mi congregación se sentó frente a mí, soltera, frustrada, sola y con los ojos llorosos. No veía nada en su futuro salvo un prolongado vacío. Pronto me di cuenta de que su idea de un futuro feliz estaba centrada en el matrimonio.

Tras escuchar sus razones por las que sentía que debía casarse pronto, le pregunté:

—Exactamente, ¿qué tipo de hombre estás buscando?

—Un hombre *completo* —exclamó sin dudarlo.

—¿Qué es un hombre completo? —pregunté yo—. ¿Cómo describirías al hombre que estás buscando para compartir con él tu vida?

Treinta minutos después había terminado su descripción, de una especie de hombre que no existe salvo en la imaginación de algunas mujeres.

EL HOMBRE IDEAL

Desde ese entonces les he hecho a muchas mujeres la pregunta que le hice a esa joven en mi oficina, solamente para obtener descripciones poco satisfactorias. Algunas mujeres visualizan al hombre ideal como un empresario fuerte, saludable, bien vestido, atractivo, agresivo, exitoso, fiable y responsable. Otras se imaginan alguien aventurero, emocionante, romántico y, posiblemente, artístico. En cualquiera de los casos, está interesado en todas las cosas y sobresale en casi todas. Ama solamente a una mujer pero las fascina a todas. Sabe escuchar con atención y está en contacto con sus sentimientos. Y, por encima de todo, es un superlíder espiritual en su casa.

¿Alguna vez has visto a alguien que responda a esta descripción? Ánimo, amigo. Tampoco lo ha visto ninguna mujer. Además, presenta una imagen distorsionada del verdadero hombre completo.

¿Qué es un hombre "completo" o "verdadero"? Es alguien que entiende y acepta la responsabilidad del desarrollo de su capacidad mental, emocional y espiritual, y lo demuestra por su actitud y acciones maduras en su vida personal, su vida en el hogar, su vida vocacional, su vida social y su vida espiritual. Ahora vuelve a leer la descripción de nuevo pensando en ti y sopesa el énfasis en las palabras *entiende, acepta la responsabilidad, desarrolla* y *demuestra*.

Ser un hombre completo no depende del trasfondo, talento, educación, habilidades o logros. Tiene poco que ver con aspecto, tamaño, forma o edad. Si estas cualidades fueran el criterio, la mayoría estaríamos eliminados. Tampoco se mide un hombre verdadero por lo rápidamente que llega a sus metas o medidas mundanas de éxito. Más bien, es un hombre en un viaje, en un proceso, forjando una experiencia. Conlleva un viaje que el Padre ha planeado para cada hombre.

Este viaje, por supuesto, comienza con tu reconocimiento de que necesitas un Salvador. ¿Ya lo has hecho? ¿Le has pedido a Jesús que perdone tus pecados y te dé vida eterna? No puedes ser un verdadero hombre de Dios sin Él. Esto se debe a que en el momento en que le pides a Cristo que te salve, Él quita tus pecados, restaura tu relación con el Padre, y te da el Espíritu Santo para ayudarte a convertirte en todo aquello para lo que el Señor te creó.

Si no estás seguro de tu relación con Jesús, el primer paso en tu viaje para convertirte en un verdadero hombre de Dios conlleva confiar en Cristo como el puente que cierra la brecha que tus pecados han creado entre tú y Él. Él está dispuesto a perdonarte y limpiarte, sin importar lo que hayas hecho. Lo único que tienes que hacer es pedir con fe, y Él te salvará ahora mismo (Ro. 10:9). Puedes usar la siguiente oración o tus propias palabras:

Señor Jesús: creo que verdaderamente eres el Hijo de Dios. Confieso que he pecado contra ti en pensamiento, palabra y obra. Por favor, perdona todos mis pecados, y permíteme vivir en relación contigo a partir de ahora. Te recibo como mi Salvador personal, acepto la obra que hiciste de una vez para siempre en la cruz. Gracias por salvarme. Ayúdame a vivir una vida que te agrade. Amén.

Para descubrir lo que nuestro Hacedor quiso para nosotros, debemos acudir a su revelación, la Palabra de Dios. Un vistazo allí del primer hombre perfecto del Señor nos dará un enfoque para nuestra comprensión hoy día.

LA CREACIÓN DE ADÁN

Según Génesis 1:26, el Padre creó a Adán para sí mismo: para su propia gloria, y no la del hombre. Las Escrituras dicen: "Entonces dijo Dios: Hagamos al hombre a nuestra imagen, conforme a nuestra semejanza" (Gn. 1:26). El Señor no nos podía haber halagado más de otra manera que haciéndonos semejantes a Él. La humanidad es la corona de la Creación de Dios. Tenemos que reconocer, por tanto, que fuimos creados para Dios y a su imagen (*imago dei*), a fin de que podamos entender la razón de nuestra existencia.

Cumplimos nuestros propósitos eternos cuando nuestras vidas honran al Señor y reflejan su gloria. ¿Qué agrada más a un padre terrenal que oír: "Ese niño es igualito que tú; incluso se comporta como tú"? Dios se deleita en hijos espirituales que reflejan su carácter.

LOS MANDAMIENTOS DE DIOS PARA ADÁN

Después que el Padre creó a Adán, le dio tres mandamientos. Primero, Adán tenía que enseñorearse sobre los peces del mar, las aves del cielo y sobre toda la tierra (Gn. 1:26). El dominio de Adán era el huerto del Edén, un lugar perfecto para un hombre perfecto y su esposa perfecta.

Segundo, Adán tenía que reproducirse. Dios dijo que fuera fructífero, se multiplicara y llenara la tierra y la sojuzgase (1:28). El hombre había de tener hijos que de igual forma glorificasen al Señor.

El tercer mandamiento que el Creador le dio a Adán fue: "Por tanto, dejará el hombre a su padre y a su madre, y se unirá a su mujer, y serán una sola carne" (2:24). Es decir, la esposa de un hombre tiene que ser lo primero en sus relaciones terrenales. Dios no ha repelido esos mandamientos. Hoy día sigue siendo responsabilidad del hombre ser buen administrador de lo que el Señor le ha dado, tener hijos y educarlos para que honren a Dios, y ser fiel a su esposa.

Los psicólogos generalmente están de acuerdo en que todos somos productos de nuestros hogares. Muchas personas piensan que nuestras experiencias traumáticas del pasado dominan nuestra condición presente, pero la atmósfera general de nuestro hogar ha establecido la dirección y el patrón de nuestra vida.

Cuando doy consejo a parejas en el estudio de mi iglesia, una de las preguntas que hago invariablemente es: "¿Cómo describirían la vida de su hogar cuando eran niños?". Raras veces, si ocurre alguna vez, la respuesta se centra alrededor de un solo incidente, sino que más bien es una gran cantidad de sentimientos que recuerdan de la atmósfera de su hogar. A menudo palabras como *crítica, negativa, ruidosa, insensible, sin amor* o *indiferente* son palabras que se mencionan. Cada hogar tiene su atmósfera, compuesta por la combinación de temperamentos y modos de expresión de sus miembros. Aunque cada miembro de la familia contribuye a la atmósfera, es cierto que el esposo y padre tiene la influencia más grande, incluso cuando es por defecto.

LA COMPOSICIÓN DE ADÁN

La Biblia dice: "Entonces Jehová Dios formó al hombre del polvo de la tierra, y sopló en su nariz aliento de vida, y fue el hombre un ser viviente" (Gn. 2:7). El primer hombre fue hecho del polvo de la tierra, polvo que fácilmente se va con el viento. Este hecho en sí mismo debería protegernos del excesivamente desarrollado ego masculino.

Dios también sopló en el hombre el aliento de vida, y el polvo tomó dimensiones eternas. De ese puñado de tierra, el Señor creó un ser viviente, no solo carne y sangre mortal, sino una vida que es también espiritual en su esencia.

Los primeros dos capítulos de Génesis describen al hombre como Dios lo hizo ser. El Padre puso en el cuerpo de Adán compuesto de polvo un alma con la capacidad de pensar, de ejercer su dominio, de amar a su esposa y de criar a sus hijos. Él le dio emociones para que pudiera reconocer, responder y compartir las necesidades y deseos de sus acompañantes. Recibió la habilidad de discernir los requisitos de su familia y tomar decisiones teniendo en cuenta sus mejores intereses. Le fue dada una conciencia para guiarle a un entendimiento básico del bien y del mal. Y el Padre le dio a Adán un espíritu para mantenerle debidamente sintonizado con su Creador.

El primer hombre de Dios no era ni santo ni no santo, sino inocente. La santidad de Adán no había sido probada, y solo él y Eva han vivido en esa condición. Todas las demás personas a partir de entonces han nacido con una naturaleza con tendencia a pecar. Tenemos que vivir con esta naturaleza carnal diariamente, pero nuestro Salvador ha provisto la victoria sobre ella. La inocencia que el hombre perdió en el huerto del Edén, que le hizo no ser completo, se nos ofrece en el Hijo perfecto de Dios, Jesucristo.

Un hombre puede tener un cuerpo perfecto, pero si sus emociones, mente y voluntad no están bajo el control del Espíritu Santo, fallará regular y trágicamente como el esposo, padre y seguidor que Dios quiere que sea. El Señor nos diseñó no solo para lidiar con éxito con el entorno material sino también para relacionarnos de manera armoniosa con otros seres vivientes. Por eso Él le dio un espíritu al hombre, para que se pudiera comunicar con su Creador y recibir sabiduría para cada interacción y situación. Cualquier hombre cuyo cuerpo, alma y espíritu no estén dedicados a Dios está fatalmente discapacitado, tristemente incapaz de ser el esposo o padre adecuado que desea ser. Y no hay dinero suficiente que satisfaga la ausencia del Espíritu de Dios en su vida.

LA DEMANDA DE ADÁN

Adán tenía el derecho y la obligación de demandar una total dependencia al Señor: "Y dijo Dios: He aquí que os he dado toda planta que da semilla, que está sobre toda la tierra, y todo árbol en que hay fruto y que da semilla; os serán para comer. Y a toda bestia de la tierra, y a todas las aves de los cielos, y a todo lo que se arrastra sobre la tierra, en que hay vida, toda planta verde les será para comer. Y fue así" (Gn. 1:29-30).

Esta es la promesa de Dios de provisión para el hombre. El Señor se declaró a sí mismo como la fuente de todo lo que el primer hombre pudiera necesitar jamás. Su habitación era un regalo: el utópico huerto del Edén.

Las buenas bendiciones eran muchas y variadas. La belleza le envolvía. El hombre debía ser totalmente dependiente de Dios.

Lo mismo ocurre con el nuevo hombre, incluso en un entorno no tan idílico. El Padre quiere que vivamos dependiendo de Él, buscándole para suplir todas nuestras necesidades. Y podemos inculcar en nuestros hijos la verdad de Filipenses 4:19: "Mi Dios, pues, suplirá todo lo que os falta conforme a sus riquezas en gloria en Cristo Jesús". Lo que Él hizo por su primer hombre, lo hará a través de Cristo a pesar de nuestro contaminado entorno.

Adán no solo tenía derecho a demandar provisión, sino que también tenía derecho a demandar una guía para su vida. Las Escrituras dicen: "Tomó, pues, Jehová Dios al hombre, y lo puso en el huerto de Edén, para que lo labrara y lo guardase. Y mandó Jehová Dios al hombre, diciendo: De todo árbol del huerto podrás comer; mas del árbol de la ciencia del bien y del mal no comerás; porque el día que de él comieres, ciertamente morirás" (Gn. 2:15-17).

¿Qué tipo de hogar tendrías si buscaras a Dios como la fuente de toda provisión? ¿Si buscaras del Señor dirección divina para tu familia? Si pudiéramos vernos a nosotros mismos como canales por los que Dios bendecirá a nuestras familias con recursos divinos y dirección, y si pudiéramos ser los hombres que Él quiere que seamos, tendríamos hogares llenos de armonía, paz y felicidad como el mundo nunca ha conocido. Si pudiéramos entender lo que Dios quiso para Adán al comienzo y saber que su deseo para nosotros es el mismo, cada uno estaría en buen camino hacia convertirse en un hombre completo.

LA COMPAÑERA QUE DIOS LE DIO A ADÁN

Quizá pienses que Dios no crearía nada que estuviera incompleto, pero lo hizo. Después de crear a Adán, vio su hombre perfecto y encontró una deficiencia, aunque no un defecto. La carencia era una mujer.

"Y dijo Jehová Dios: No es bueno que el hombre esté solo; le haré ayuda idónea para él" (Gn. 2:18). Adán necesitaba alguien con quien compartir todo lo que el Padre había puesto en él y alrededor de él. Necesitaba alguien a quien amar. Adán estaba hecho a imagen de Dios con una inocencia no probada, la totalidad de lo que el hombre puede ser, pero a la vez no había otros seres humanos con los que pudiera compartir su vida. Así, pues, "de la costilla que Jehová Dios tomó del hombre, hizo una mujer, y la trajo al hombre" (Gn. 2:22). Solamente entonces Dios declaró que todo lo creado era "bueno en gran manera" (Gn. 1:31).

Las Escrituras nos dicen que la mujer es un regalo de Dios (Pr. 18:22), un regalo que hay que recibir con gratitud y cuidado. Si eres soltero y buscas una esposa, ten cuidado de esperar a la que el Padre creó especialmente para ti. Algunos hombres sienten que se quedaron con el regalo de otro, mientras que otros no sienten que recibieron regalo alguno. Dios no quería que el matrimonio fuera algo así, sino que quiere que cada cónyuge sea una bendición gozosa el uno para el otro. Un esposo debería ver a su esposa como el regalo de Dios para completarle, no para "acabar con él". El Señor le dio a Adán una mujer para complementarle, no para competir con él. Tristemente, cuando la armonía espiritual falta, la vida en el hogar puede ser una batalla terrible y perturbadora.

Las Escrituras también dicen que Dios le dio a Adán una esposa que era parte de sí mismo, ya que procedía de su costado. Entonces, no es de extrañar que el apóstol Pablo dijera que un hombre debería amar a su esposa como ama a su propio cuerpo. Ningún hombre ha odiado jamás su propio cuerpo, sino que cuida de él, asegurándose de que tenga todo lo necesario para estar sano (Ef. 5:28-29). Lo mismo ocurre con tu matrimonio. Por eso, cuando hiciste tus votos matrimoniales, prometiste estar con tu esposa en lo bueno y en lo malo, hasta que la muerte los separe (si hiciste los votos tradicionales). Y esas promesas se hicieron no solo ante amigos sino también en presencia de Dios, y están archivadas en los registros del cielo.

Tu esposa es parte de ti. La consumación física hizo de ustedes dos uno solo.

Y Dios quiere que tengas la misma relación con tu esposa que Adán tenía con Eva. El primer hombre era parte de su esposa, y ella parte de él. Si no estás dispuesto a vivir como parte de la mujer con la que te casaste, tienes que cambiar tu actitud porque tú *eres* parte de tu esposa y responsable de ella delante de Dios. Cuando la separación les divide, ambas partes sufren; cada uno se desgarra.

Dios te dio mente, voluntad y conciencia para guiarte a tomar las decisiones correctas. Por tanto, eres responsable de tus decisiones. La "incompatibilidad" entre cónyuges no es una excusa aceptable para Dios. Tristemente, muchas parejas buscan el divorcio basándose en esta expresión formal. ¿Qué significa incompatibilidad? Muchos dicen simplemente: "Ya no nos entendemos". Pero las diferencias de personalidad nunca son razones válidas para deshacer lo que Dios ha unido.

Las Escrituras dicen: "Por tanto, dejará el hombre a su padre y a su madre, y se unirá a su mujer, y serán una sola carne" (Gn. 2:24). El patrón de Dios para su hombre y su mujer es que estén juntos para siempre. Eso significa que el divorcio y la separación no eran la voluntad de Dios para Adán y sus descendientes. Digo esto por experiencia, y lo mismo dirían muchas de las personas abatidas que han sufrido el tormento del divorcio: nunca es un camino recomendable.

En el matrimonio siempre habrá pruebas que amenacen con separarles. El diseño de Dios para el matrimonio es que esté tan íntimamente unido que nada pueda separarlo. No puedo decir esto con más énfasis para las personas que aún no se han casado. El divorcio es una de las experiencias más trágicas de la vida. Así que tómate el tiempo necesario para elegir a tu pareja; asegúrate de que estás recibiendo el regalo de Dios para tu vida.

La mejor descripción de la responsabilidad de un hombre hacia su compañera es una palabra de seis letras: *cuidar*. Pregúntale a cualquier mujer qué es lo que más quiere de su esposo, y probablemente te dirá: "Tan solo quiero que me cuide".

Cuidar dice mucho que el amar no dice, porque hoy día la palabra *amar* ya no tiene el mismo significado que tenía antes. Para una esposa, el cuidado dice: "Sean cuales sean tus necesidades, estoy interesado en ellas y voy a poner lo mejor de mí para honrarlas". Eso es lo que Dios quería para su primer hombre. Cuando Dios dijo: "Únete a ella", se refería a que Adán se separase de todo lo demás, si fuese necesario, pero que no se separase de Eva. Una esposa es una parte integral de su esposo.

Uno oye muchas opiniones diferentes respecto a la responsabilidad de un esposo y su esposa. Algunas personas dicen: "Creo que el matrimonio es una asociación al cincuenta por ciento". Pero la Biblia dice que el *hombre* es el responsable de lo que ocurre en su hogar (1 Co. 11:3). El esposo es la cabeza, o líder, de la esposa. ¿Cómo debe guiar? Con ternura, y cuidando con amor (Ef. 5:23-25, 28-29).

LA RESTRICCIÓN DE ADÁN

Dios le dijo a Adán: "mas del árbol de la ciencia del bien y del mal no comerás; porque el día que de él comieres, ciertamente morirás" (Gn. 2:17). Dios había provisto todo lo que el hombre necesitaba, pero había una cosa en el huerto que el hombre no necesitaba: el árbol del conocimiento del bien y del mal. En medio de toda la belleza y perfección del Edén, había una cosa fuera de sus límites. Todos estamos familiarizados con lo que ocurrió. Satanás se inmiscuyó, Eva comió del fruto prohibido, y el hombre cayó en pecado (Gn. 3).

¿Qué debería decir esto a los padres? Esto enseña claramente que algunas cosas están fuera de los límites. Hay algunas actividades y acontecimientos en los que nuestras familias no deben participar. Nuestro enfoque debe estar en las actividades que exaltan al Padre y producen un gozo piadoso, fruto y crecimiento.

Dios quiere protegernos de las dolorosas consecuencias del mal. Algunos padres quizá digan: "Bueno, de alguna manera tenemos que aprender". Pero la Biblia nos enseña que, como padres, somos responsables de enseñar a nuestras familias a obedecer al Señor y a evitar el pecado.

Aunque ninguna familia puede evitar del todo el sufrimiento y la impiedad, los padres siguen siendo los responsables de establecer límites morales para sus hijos y ser buenos ejemplos para ellos.

EL CONFLICTO DE ADÁN

Adán y Eva estaban felizmente casados, la única pareja que conoció jamás el "cielo sobre la tierra". Vivían en un estado de inocencia y dicha con la ausencia del pecado. Podían hacer todo lo que querían, lo cual por su naturaleza también agradaba a Dios.

El conflicto familiar de Adán y Eva comenzó cuando una tercera parte, Satanás, con la artimaña del engaño entró en la escena. Según la conversación de Eva con Satanás, Adán al parecer le había contado el mandamiento del Señor de no comer del fruto del árbol que había en medio del huerto (Gn. 2:17). Génesis 3 expone la estrategia de Satanás: él hizo persistentemente algunas preguntas a Eva que daban a entender que Dios no les estaba diciendo toda la verdad.

Siempre habrá conflictos familiares cuando dudamos de la veracidad de lo que Dios ha dicho o cuestionamos sus principios y mandamientos. Cuando una o ambas partes, o uno o más hijos, están fuera de la armonía con la voluntad del Señor para una familia, el conflicto es inevitable. El mandamiento de Dios a Adán era que gobernara su dominio; el desastre llegó cuando Eva ignoró las instrucciones de su esposo.

La conversación entre Adán y Eva que se produjo después de la victoria de Satanás demuestra cómo una mujer puede influenciar a un hombre. Satanás tuvo que *persuadir* a Eva para que desobedeciera a Dios, pero Eva solo hizo una sencilla sugerencia para provocar la caída de Adán: "Dale un bocado".

Debido a su capacidad de influir en las opiniones de sus esposos, las mujeres tienen una gran responsabilidad. Y la mujer que usa su influencia erróneamente manipulará a su esposo para después lamentarlo. Las mujeres pueden confabularse para conseguir lo que quieren si son lo suficientemente inteligentes, lo suficientemente malvadas o lo suficientemente no cristianas, pero raras veces están felices con los resultados de su confabulación.

Muchas esposas saben exactamente cómo conseguir lo que quieren. Saben cómo vestirse, qué decir, qué dar, cómo actuar y dónde ir para obtener los deseos de su corazón. Pero las mujeres que usan mal el poder que Dios les ha dado sentirán el dolor de Eva. Eva aceptó la dirección de la fuente errónea, obtuvo el conocimiento del mal y perdió el don de la inocencia. Su autoridad era su esposo, pero ella aceptó la dirección de un enemigo: Satanás. Como resultado, recibió el pago del diablo: desengaño y muerte.

TRES RESULTADOS DE LA CAÍDA

En cada conflicto familiar hay al menos un perdedor. Aquí, tanto Adán como Eva perdieron su hogar bello e idílico: "Y lo sacó Jehová del huerto del Edén, para que labrase la tierra de que fue tomado. Echó, pues, fuera al hombre" (Gn. 3:23-24). El hombre, creado a imagen de Dios y tras haber recibido todas las facultades para que su vida fuera completa, fue exiliado del paraíso y sentenciado a un "duro trabajo" en el mundo infestado de espinos y cardos.

Adán y Eva también perdieron la unidad de su familia. Cuando la armonía, el apoyo mutuo y las metas comunes se pierden, ¿queda algo que realmente merezca la pena? Nada en el mundo es tan dulce como un hogar con paz y acuerdo constantes entre sus miembros, y nada es tan desdichado como un hogar sin armonía, gozo y amor.

Lo tercero que se perdió fue el honor de Adán como cabeza de su hogar. Él falló a Dios como su líder responsable y fiel, y las trágicas consecuencias fueron odio y conflicto que le costó a un hijo la vida y al otro, toda una existencia de culpa y temor.

Caín y Abel no crecieron en el Edén, sino fuera del huerto donde su padre se ganaba la vida con el sudor de su frente, plagado por la naturaleza pecaminosa que recibió al desobedecer a Dios. A menos que tú y yo luchemos por obedecer al Señor en nuestro hogar, crearemos una atmósfera espiritualmente venenosa que infectará a nuestros hijos con falta de respeto por la autoridad: tanto la nuestra como la de Dios. Pon mucha atención a este principio: cosechamos lo que sembramos. Nuestra desobediencia hoy podría convertirse en la futura rebeldía de nuestros hijos.

Adán no tenía problemas antes de que él y su esposa cayeran en la trampa del diablo. Tenía comunión regular con el Padre y disfrutaba de la vida en el huerto con Eva y los animales. Pero el dolor y el sufrimiento invadieron su hogar cuando Adán no protegió a su esposa de su enemigo. Lo siguiente fue el desastre.

Si encuentras la raíz causante de un problema en tu hogar, es muy probable que veas que emana de la violación de un principio espiritual. La debilidad espiritual hace que nuestro hogar sea más susceptible que cualquier otro lastre, razón por la cual la cabeza del hogar necesita toda la armadura espiritual que Dios ofrece (Ef. 6:11-18).

Adán tuvo todas las ventajas como el primer hombre de Dios, y pudo fácilmente haber sido un esposo y padre modelo para la humanidad. Pero no supo proteger a su familia contra la maldad. Si un hombre no es eficaz en su vida familiar, no será verdaderamente exitoso en ninguna área. Pero si tiene éxito en su vida en el hogar, manifiesta las cualidades del hombre completo, el hombre que Dios quería que fuera.

Recuerda que mi versión de un hombre verdadero o completo es aquel que entiende y acepta sin problemas la responsabilidad del desarrollo de sus capacidades mentales, emocionales y espirituales, y lo demuestra mediante su actitud y acciones maduras en su vida personal, en la vida de su hogar, en su vida vocacional, social y espiritual.

¿Cuál está siendo tu progreso hacia una verdadera hombría? Dondequiera que te encuentres, ¿estás listo para avanzar? ¡Estoy contigo!

Dos

EL HOMBRE DE ACERO Y TERCIOPELO

¿Alguna vez has considerado qué herencia espiritual le estás dejando a tu familia? ¿Qué herencia recibirán los que vengan después de ti? Sabemos que el apóstol Pablo dedicó mucho tiempo a meditar en esto porque expresó su preocupación a su "verdadero hijo en la fe", Timoteo (1 Ti. 1:2). Pablo escribió:

> Tú, pues, hijo mío, esfuérzate en la gracia que es en Cristo Jesús. Lo que has oído de mí ante muchos testigos, esto encarga a hombres fieles que sean idóneos para enseñar también a otros…
> Considera lo que digo, y el Señor te dé entendimiento en todo.
> Acuérdate de Jesucristo, del linaje de David, resucitado de los muertos conforme a mi evangelio, en el cual sufro penalidades, hasta prisiones a modo de malhechor; mas la palabra de Dios no está presa. Por tanto, todo lo soporto por amor de los escogidos, para que ellos también obtengan la salvación que es en Cristo Jesús con gloria eterna (2 Ti. 2:1-2, 7-10).

Pablo no solo esperaba que Timoteo recordara su ejemplo, sino que también anhelaba que Timoteo fuera un modelo de fiel bondad que otros pudieran imitar.

Todos queremos dejar un legado: que se nos recuerde por algo importante. Y como creyentes tenemos el privilegio de transmitir un tesoro que no solo tenga influencia en este mundo sino también que perdure en la eternidad. Por eso, como hombres tenemos la responsabilidad de ser un ejemplo positivo para nuestros hijos y quienes tratan de imitarnos, enseñándoles a amar al Señor y a obedecer la autoridad. Porque cuando transmitimos nuestra fe en el Señor Jesucristo, les damos una herencia espiritual, la cual el dinero no puede comprar y la muerte no puede llevarse.

Tristemente, nos encontramos ante una batalla cuesta arriba. Como ya quizá te hayas dado cuenta, cada vez es más difícil transmitir la fe cristiana y la moralidad a la siguiente generación. No solo podemos ver prueba de ello en las noticias, sino que también podemos verlo en la evidencia empírica.

Por ejemplo, una encuesta de 2008 del Grupo Barna descubrió que el 38 por ciento de jóvenes de entre dieciocho y veinticinco años dijeron que habían tenido sexo fuera del matrimonio durante la semana anterior, el 37 por ciento habían mentido, el 25 por ciento habían bebido, el 33 por ciento habían visto pornografía, y el 12 por ciento habían participado en actos de represalias. Una encuesta hecha a los *Baby Boomers,* tan solo dos generaciones más mayores, demostró estadísticas comparables del 4 por ciento, 6 por ciento, 9 por ciento, 16 por ciento y 15 por ciento, respectivamente.[1]

¿A quién debemos culpar del colapso respecto a transmitir la fe y la moralidad? Hay muchas causas, pero creo que los hombres debemos aceptar la mayor parte de culpa. Algunos hombres que afirman ser cabeza de su hogar simplemente han hecho un trabajo mediocre al exhibir un liderazgo

---

1. "Young Adults and Liberals Struggle with Morality", The Barna Group, www.barna.org, 25 de agosto de 2008, http://www.barna.org/teens-next-gen-articles/25-young-adults-and-liberals-struggle-with-morality. Usado con permiso.

de amor y centrado en Cristo. Muchos hombres han rechazado a Dios del todo. El resultado inevitable es que muchos jóvenes han copiado los malos hábitos de sus padres y han ignorado los buenos hábitos de sus padres.

EL HOMBRE RESPONSABLE

Vemos tanto en el Antiguo como en el Nuevo Testamento que Dios ordenó que los hombres le honraran siendo buenos administradores de lo que Él les había dado. Lamentablemente, debido al veloz declive de las normas morales y el cambio de los roles culturales, muchos hombres no son conscientes de que siguen siendo responsables de sus familias. Pero si los padres son pasivos o no están disponibles, las consecuencias pueden ser totalmente devastadoras. Sus hijos se pueden volver desobedientes e irrespetuosos. Sus esposas pueden volverse ansiosas y frustradas, llenas de inagotables preocupaciones, muchas de las cuales nunca debían haber llevado. Su economía y agendas diarias a menudo serán liosas y caóticas. Y sus comunicaciones familiares frecuentemente serán estresantes y antagonistas, si es que las tienen.

Tristemente, muchas esposas creen que la única manera de evitar o rectificar los problemas de su familia es ocupándose ellas, asumiendo responsabilidades que Dios nunca quiso que ellas llevaran. Sin embargo, cuando lo hacen, sin darse cuenta provocan otros problemas más serios.

Piensa en ello. ¿Qué puede hacer una esposa cuando su esposo ya no muestra interés alguno en las decisiones que ha dejado caer de sus manos? Ella ya no recibe el apoyo o compromiso que desea de él y comienza a cerrarse emocional y físicamente. Por otro lado, ¿qué interés puede tener un hombre cuando su esposa demuestra su autosuficiencia tan concienzudamente? Como ya no experimenta el respeto y la admiración que necesita de su esposa, el hombre igualmente comienza a distanciarse de la relación. Al retirarse, ella asume más de la autoridad y responsabilidad. Y, mientras tanto, los hijos observan todo el proceso.

UN HOMBRE DE DIOS

El sociólogo Gibson Winter observó: "Nuestra tendencia hoy día es suponer que podemos eliminar la autoridad del esposo sobre la esposa y aun así mantener la autoridad de esposo-esposa sobre los hijos. La Biblia es más realista acerca del matrimonio que el hombre moderno, porque la verdad es que al desobedecer la jerarquía de uno destruimos la otra".[2]

Cuando una empresa fracasa, el director de la empresa es el responsable, no el hombre que está en la línea de montaje. Como cabeza del hogar, un esposo y padre es responsable de su condición, ya sea buena, mala o indiferente. Marido: tú recibiste la mayordomía de tu casa, ¿cómo va ese proyecto? A nuestro alrededor solo hay hogares rotos, familias fragmentadas e hijos solitarios. En muchos casos, la causa es que los hombres rehusaron tomar la responsabilidad. ¿Hay algún indicativo de que no hayas aceptado el manto de autoridad que Dios te ha dado?

Quizá dirijas un hogar bien ordenado. Pero si no, no te desesperes. Aún puedes convertirte en la cabeza de tu hogar y el esposo que Dios quería que fueras.

El escritor Carl Sandburg describió a Abraham Lincoln como un hombre de "acero y terciopelo".[3] Creo que no hay mejor descripción del tipo de hombre mediante el que Dios puede trabajar de una forma poderosa. De hecho, creo que este es el tipo de esposo y padre que Él quiere que sean sus seguidores: hombres de valor y compasión, fortaleza y misericordia. Durante el resto de este capítulo exploraremos lo que significa esto de forma práctica y cómo es posible para tu vida.

---

2. Gibson Winter, *Love and Conflict: New Patterns in Family Life* (New York: Doubleday, 1958), p. 68.
3. Carl Sandburg, "Address of Carl Sandburg before the Joint Session of Congress", 2 de febrero de 1959, http://www.nps.gov/carl/historyculture/upload/Address-of-Carl-Sandburg-before-the-Joint-Session-of-Congress.pdf.

EL HOMBRE DE ACERO

Compromiso

Un hombre de acero está *comprometido*. Como esposo y padre, tiene a su cargo tres tareas importantes: proveer para su familia; proteger a su familia de cualquier cosa destructiva para sus mentes, cuerpos y espíritus; y dirigir a su familia en la dirección de la voluntad de Dios.

Cuando a William Booth, el intrépido pionero del Ejército de Salvación, le preguntaron por el secreto de su éxito, respondió: "Desde el día en que recibí en mi corazón a los pobres de Londres, y una visión de lo que Jesucristo podía hacer con los pobres de Londres, decidí en mi mente que Dios tendría todo lo que había en William Booth".[4]

Uno puede suponer que, con un llamado tan demandante, Booth tendría que descuidar a su familia, pero no fue así. De hecho, sus hijos siguieron sus pasos tan de cerca que el biógrafo Edith Deen declaró: "Ninguna familia en la historia cristiana reciente ha servido tan diligentemente a los pobres y marginados, los presos y rufianes, llevándoles el ministerio de sanidad de Cristo".[5]

Convicción

Segundo, el hombre de acero es un hombre de *convicción*. Defiende lo que cree que es correcto. Estudia la Biblia y conoce no solo *qué* cree sino *por qué* lo cree.

Uno de los graves problemas en las familias es que los padres no conocen su fe lo suficientemente bien como para enseñársela a sus hijos. Muchos admitirán que han estudiado muy poco la Biblia, poniendo

---

4. William Booth, citado en Royal Gould Wilder, Delavan Leonard Pierson, Arthur Tappan Pierson, et al., *The Missionary Review of the World* (New York: Funk & Wagnalls Company, 1911), p. 796.
5. Edith Deen, *Great Women of the Christian Faith* (Westwood, NJ: Barbour, 1959), p. 222.

excusas como: "Nunca he sido un buen estudiante". Pero ¿qué empleado, cuando le piden que lea un libro de instrucciones, le diría a su jefe: "Lo siento, pero nunca he sido un buen lector"? La falta de deseo no es una excusa para ignorar esta importante responsabilidad.

Por eso, Deuteronomio 6:5-6, dice en primer lugar: "Y amarás a Jehová tu Dios de todo tu corazón, y de toda tu alma, y con todas tus fuerzas. Y estas palabras que yo te mando hoy, estarán sobre tu corazón". El versículo 7 continúa después: "y las repetirás a tus hijos, y hablarás de ellas estando en tu casa, y andando por el camino, y al acostarte, y cuando te levantes".

Es importante que un hombre de Dios primero trabaje en su relación con el Señor antes de intentar enseñar a otros. Como yo digo a menudo, nuestra intimidad con Dios, su principal prioridad para nuestra vida, determina la influencia de nuestra vida. Un hombre de acero entiende bien esto, así como su responsabilidad hacia su familia, y actúa en consecuencia. Se da cuenta de que un padre no puede esperar que sus hijos crezcan con fuertes convicciones espirituales si no han aprendido ninguna de él.

Valor

Una tercera cualidad del hombre de acero es el *valor*, que es especialmente importante cuando nos esforzamos por vivir vidas piadosas en un mundo caído. Es importante que los hijos aprendan a tomar decisiones basándose en los principios de la Biblia en vez de sus preferencias incluso cuando es difícil. Tristemente, muchos hijos e hijas no tienen el privilegio de observar cómo un padre piadoso toma decisiones que honren al Señor.

Andrew Carnegie dijo: "Ser popular es fácil; actuar bien, cuando hacerlo no es popular, es noble". Hay veces en que un padre tiene que decir a su familia: "Eso *no* lo vamos a hacer". Debe demostrar que la obediencia al Señor es necesaria incluso cuando es doloroso u otros lo malinterpreten.

Eso es lo que mi abuelo me enseñó. Me dijo: "Charles, hagas lo que hagas en la vida, obedece siempre a Dios. Si Él te dice que te choques contra una pared de ladrillo de cabeza, hazlo, con la confianza de que Él abrirá antes un hueco para que pases". Este ha sido uno de los principios más valiosos que he aprendido jamás, un consejo que me ha aportado una gran bendición y realización.

El hombre que rehúsa someterse al Señor por temor ya ha dañado a su familia por el ejemplo que ha establecido. Por el contrario, ¿qué podría inspirar más a un hijo que un padre valiente?

Reputación

Cuarto, el hombre de acero es un hombre de *reputación*. Es un hombre de integridad y honestidad en el que se puede confiar. Los que le conocen confían en que hará lo que dice. Es un hombre de pureza moral que se guarda para una mujer y guarda su conducta y su conversación para no conducir a nadie hacia la tentación. Tiene un caminar con Cristo coherente y diario, lo cual es evidente en sus interacciones diarias con otros. Está consagrado a Dios, su familia y su iglesia. Y siempre defiende lo que es justo, incluso aunque le resulte costoso.

Un hombre de buena reputación es alguien cuyo hijo dirá: "Espero poder ser algún día un padre así". Su hija dirá: "Espero casarme con un hombre así". ¿Por qué? Porque el hombre de acero es fiable, responsable y respetado dondequiera que va.

Edificación

Un hombre de acero es *constructivo*. Intenta edificar a los demás, especialmente a los miembros de su familia. Pasa tiempo con su esposa y sus hijos. Anima a sus compañeros de trabajo y es una bendición para su jefe y sus clientes. Edifica a los creyentes en la congregación en la que sirve. El hombre de acero entiende que tiene tanto el derecho como la responsabilidad de contribuir al bien de la sociedad, de su hogar y de su iglesia.

Papá, permíteme que te pregunte: cuando llegas a casa después de un duro día de trabajo, ¿cierras de un portazo y caminas furioso por la casa como un tanque de guerra? ¿Sabes lo destructivo que es eso? Muchos padres están devastando sus hogares con sus actitudes, acciones y palabras dañinas.

Desdichadamente, lo que un hombre *deja* de hacer puede provocar tanta destrucción como las conductas negativas que muestra. Un padre terco, crítico, egocéntrico, que está decidido a que todo se haga a su manera y que no dedica tiempo a sus hijos, deja de modelar el liderazgo amoroso y sacrificial que demostró Jesús. Por eso, su familia quizá llegue a estar terca y amargada hacia la autoridad en general. Lo que es peor, con su ejemplo, incluso puede que los aleje de Dios.

Sin embargo, un hombre que está edificando a su familia se esfuerza por conocer sus necesidades y suplirlas. Por ejemplo, Proverbios 22:6 nos enseña: "Instruye al niño en su camino, y aun cuando fuere viejo no se apartará de él". Esto significa que debemos entrenar a cada niño según el temperamento y las cualidades que Dios le ha dado. Todos los hijos son distintos, y no podemos tratarlos a todos igual. Por tanto, el hombre que se preocupa por edificar a su familia se dedica a conocer cómo piensan sus hijos y por qué responden como lo hacen en sus diversas etapas del desarrollo. También intenta entender a su esposa y busca cómo edificarla. Se esfuerza por ser una bendición para ella y por animarla en su relación con Dios. Saber qué es lo que une a una familia lleva toda una vida de aprendizaje y entendimiento, pero merece la pena por la maravillosa recompensa que aporta.

Confianza

Otra cualidad importante es la *confianza*. Esto no significa engreimiento; más bien, el hombre de acero muestra la fe de Hebreos 11:1: "la certeza de lo que se espera, la convicción de lo que no se ve". ¿Por qué? Porque "sin fe es imposible agradar a Dios; porque es necesario que el que se acerca a Dios crea que le hay, y que es galardonador de los que le buscan" (He.

11:6). Por tanto, el hombre de acero, por encima de todo, confía en Dios, en que el Padre celestial es su Rey Soberano, Proveedor, Protector y Guía. Confía en la capacitación, presencia y liderazgo de Dios. Está seguro de que en Cristo Jesús puede hacer todo lo que Dios le mande hacer. Un hombre de acero sabe dónde va y que el Señor le ayudará a llegar allí. Espera que cada miembro de su familia encuentre la voluntad de Dios para su vida, según Romanos 8:28: "Y sabemos que a los que aman a Dios, todas las cosas les ayudan a bien, esto es, a los que conforme a su propósito son llamados".

Control

Una última cualidad del hombre de acero: su vida tiene *dominio propio*, lo cual es un fruto del Espíritu (Gá. 5:23, NVI) y un rasgo necesario para obedecer a Dios. Mediante la oración y tiempo en las Escrituras, se alinea con la voluntad y los caminos del Señor. No permite que sus emociones le controlen; en vez de eso, vive por los principios y las promesas de la Palabra, sintiendo que Dios le hará sentir y ceder su cuerpo como sacrificio vivo al Señor.

Tú y yo debemos a nuestra familia un buen padre y esposo que sea todo lo mental, emocional y físicamente saludable que se pueda ser. Un hombre de acero es disciplinado, dando pasos positivos y proactivos y evitando conductas pecaminosas y acciones dañinas para mantenerse en la mejor condición posible. Se da cuenta de que su familia necesita depender de él; por eso no está dispuesto a causar ningún sufrimiento a su familia debido a su propia autoindulgencia.

A veces, las cualidades del acero pueden parecernos fáciles como hombres porque la cultura popular nos enseña a ser fuertes, decididos e invencibles. Pero ser un hombre de acero es solo la mitad de la batalla. También somos llamados a ser humildes, mansos, amorosos y abnegados como nuestro Salvador, Jesucristo. En otras palabras, estamos llamados a ser hombres de terciopelo: la otra mitad del hombre completo.

EL HOMBRE DE TERCIOPELO

A pesar de las fuertes cualidades del acero, es difícil convivir con un hombre que no tenga las características del terciopelo. El acero no es algo cómodo o que se agradece acariciar; para las relaciones humanas tenemos que ser sensibles y humildes. Debemos ser hombres que *cuidan*.

Cuidado

¿Cómo mostramos a nuestros seres queridos que nos importan? No lo hacemos solo proveyendo un sueldo para la familia, una casa espaciosa para que vivan, ropa de diseño que vestir y los últimos aparatos electrónicos para su diversión. Aunque proveer para ellos es una manera importante de demostrar nuestro interés por ellos, no es suficiente. También debemos dar de nosotros mismos.

Cuando te das, les estás diciendo: "Tengo tiempo para ti. Eres importante para mí". Honestamente, ¿cuántas veces has abrazado a tu esposa recientemente mientras tu mente estaba en otro sitio? No estabas enfocado en ella; más bien, inconscientemente tomaste la decisión de que había otra cosa que merecía más tu concentración. Todos lo hemos hecho, quizá incluso sin darnos cuenta de que eso revela lo que realmente nos interesa.

Nuestras familias tienen que saber que nos importan. He visto familias desfavorecidas que tienen un dulce espíritu de gozo y contentamiento a pesar de sus empobrecidas condiciones. A menudo, los hijos piensan que su padre es el número uno porque saben que realmente se preocupa por ellos. No importa cuál sea su sueldo o qué cosas dé a su familia. Ellos saben que papá les ama.

El cuidado es un toque amigable, un susurro amoroso, una palabra de ánimo, una atenta llamada de teléfono y pasar tiempo juntos. El cuidado genuino, el cual no tiene ningún sustituto, se puede expresar de miles de formas.

Consideración

La segunda cualidad de un hombre de terciopelo es la consideración. Él dedica tiempo a descubrir cuáles son las necesidades de otros.

En una iglesia donde yo era el ministro invitado, una estudiante que era compañera mía se me acercó y preguntó si podíamos hablar unos momentos. "Yo he crecido en un hogar donde mi padre proveía todo lo que necesitábamos", comenzó. "Es cristiano, cabeza de nuestro hogar, y un buen proveedor, pero no sabe cómo escucharnos. Tiene todas las respuestas antes de que hagamos incluso las preguntas. Cuando le pido consejo, recibo un discurso volcánico sobre lo que debiera o no hacer. Lo único que quiero que haga mi padre es que me permita contarle cómo me siento".

Resultaba que yo estaba haciendo planes para ver al padre de esa chica en un futuro cercano, así que le pedí permiso para compartir sus sentimientos con él. Ella dijo que no había problema, pero no estaba segura de que pudiera lidiar con las consecuencias.

Cuando tuve la oportunidad de preguntar a este hombre por su hija, dijo que le iba bien. Sus palabras exactas fueron: "No podría estar mejor".

—¿Te apostarías algo? —le pregunté. Él quiso saber a qué me refería.

—Hemos sido amigos desde hace mucho tiempo, así que iré al grano —le dije—. Tu hija no se siente como me acabas de decir —y le conté lo que ella me había dicho.

Su primera reacción fue ponerse a la defensiva, a lo cual respondí:

—Espera un momento. Quizá pienses que llevas razón, pero tu hija siente que nunca escuchas o consideras sus sentimientos. Si tienes o no razón no es el problema. El problema es que ella no sabe que te importa.

Quizá podamos enumerar todas las cosas buenas que hemos hecho, pero si nuestra esposa e hijos sienten que no estamos teniendo en cuenta sus sentimientos, quizá no estamos comunicándonos con ellos de la forma correcta o no estamos siendo lo suficientemente sensibles a sus preocupaciones. Quizá esto te desanima porque piensas que tu familia ya te pide demasiado y te gustaría encontrar formas de reducir las cargas que llevas, en vez de llevar una más. Sin embargo, quizá no estés viendo el problema más profundo.

Puede que los miembros de la familia sean demandantes porque sus necesidades más básicas no han sido suplidas. Mientras tanto, tú batallas por suplir algunos requisitos pesados que pensabas que eran cruciales pero que en verdad no son importantes a sus ojos. Por ejemplo, quizá trabajas horas extra para ahorrar, a fin de que cuando tu hijo crezca, pueda educarse en las universidades de mayor prestigio, pero lo que realmente quiere tu hijo pequeño es la presencia y el amor de su padre. No es probable que una hija se sienta sola, insatisfecha o sea agresiva si ha tenido cariño, amor y consideración. Tu interacción con ella es imprescindible, y al final establecerá el fundamento de su éxito mejor que una abundante cuenta de ahorros.

Una de las formas más seguras de demostrar tu cuidado y consideración es dedicar unos minutos cada noche a hacerle algunas preguntas a tu hijo o hija: "¿Cómo va todo? Cuéntame cómo te ha ido hoy". Después, *escucha*. Deja que tus hijos sepan que te importan sus sentimientos. Desarrolla sensibilidad. Sabes que algo no va bien cuando tu esposa no dice nada. Lo mismo ocurre con tus hijos. Cuando tu hijo regresa de la escuela, llamando a la puerta, entrando a empujones y armando un escándalo antes de irse a su cuarto, quizá le ha salido mal algún examen; no le ha salido nada bien, ¿cuál es tu reacción? Quizá tu primer instinto sea regañarle, pero la disciplina no suple necesariamente su necesidad. Es muy probable que su día en la escuela haya sido similar a tu día de trabajo. ¿Un regaño te ayuda a sentirte mejor?

Debemos recordar que nuestros hijos tienen sentimientos y problemas reales. Se enojan cuando sienten que no les han tratado bien. Regañarles en esos momentos intensifica su enojo y sus sentimientos de aislamiento. Deberíamos decir: "Cuéntame qué ha ocurrido. ¿Alguien te ha tratado mal? ¿Qué puedo hacer para ayudarte?". Nada estabiliza a un niño tanto como saber que su padre se preocupa por lo que le ocurre. El hombre de terciopelo en carácter dedica tiempo a escuchar.

Cooperación

El tercer rasgo de un hombre de terciopelo es que *coopera*. Hay veces en que cada miembro de la familia tiene que hacer algo que preferiría no hacer, y se necesita la máxima cooperación. Tú eres el jefe y tienes la autoridad final en tu familia, pero es esencial que prestes atención a los miembros de tu familia, consideres oportunamente lo que ellos piensan e incorpores sus ideas a tus soluciones. Haz que participen en el proceso de toma de decisiones y cede a los deseos de tu familia cuando puedas. Puede que tu esposa en particular tenga una idea que tú no tengas; escúchala. Como nos recuerda Proverbios 19:14: "Mas de Jehová la mujer prudente".

Si lo que tu familia quiere viola tus principios, tendrás que anular la votación. Pero usa la ocasión como una oportunidad para enseñar a tus hijos a tomar buenas decisiones en función de los principios en vez de las preferencias.

La cualidad de un hombre de acero no significa que sea un opresor. El terciopelo de la cooperación equilibra el acero de la autoridad. Ninguna mujer quiere acurrucarse en una roca. Puede que admire la fortaleza del acero, pero también le encanta sentir el terciopelo. Un hombre que coopera es amable y de buen corazón. Se esfuerza por vivir en paz (Ro. 12:18). Un verdadero líder sabe que la vida familiar no puede ser todo coraje y valor, y sabe cuándo ceder y sonreír.

Si eres tan orgulloso e inflexible que rehúsas doblegar tu voluntad ante otros, te perderás algunos de los mejores gozos de la vida. A todos los hijos les gusta luchar con papá y ganar de vez en cuando. Hace que un niño se sienta como si pudiera conquistar el mundo entero. El hombre que coopera hace concesiones, nunca contra sus principios, por supuesto, sino simplemente para agradar a los que ama y para inculcar un sentimiento de importancia y valor en ellos. Entiende la diferencia entre cooperación y hacer concesiones.

Comunicación

Un hombre de terciopelo es un *comunicador*. Algunos hombres sienten que pueden comunicarse mejor con otros hombres en sus trabajos que con sus esposas. Quizá este problema surge del hecho de que un hombre conoce el vocabulario de su empresa pero no está entrenado en el lenguaje de las relaciones, así que se queda callado.

Muchas mujeres preguntan: "¿Qué puedo hacer para que mi esposo hable?". Aunque a veces me siento tentado a responder con una broma como: "Quédese callada durante diez minutos", sé lo que quieren decir. A veces un hombre no tiene nada interesante que decir, y a veces está demasiado cansado como para hablar. Pero el hombre de terciopelo hará un esfuerzo extra por mantener abiertos los canales de comunicación.

Hace años, mi hijo Andy me enseñó una lección acerca de la comunicación que nunca olvidaré. Mientras íbamos por la autopista hacia la iglesia un miércoles por la noche, mi hijo de repente se detuvo en medio de una frase y dijo: "Papá, no estás escuchando". Tuve que admitir que tenía razón. Mi mente estaba en algo de la iglesia, y mi hijo se dio cuenta de que estaba demasiado ocupado para él. Lo mismo ocurre contigo: cuando no prestas atención, tus seres queridos se dan cuenta.

La comunicación no es solo hablar; es también escuchar con atención. Como hombre de terciopelo, tienes que escuchar acerca de temas que no te interesan mucho y confesiones que preferirías no oír. Sin embargo, es importante que tu familia sepa que eres accesible en cualquier momento y que te importa lo que ellos piensan. Tu familia necesita que tus oídos estén abiertos y atentos a ellos. Puede que no entiendas todo lo que te dicen, y quizá con frecuencia no estés de acuerdo con ellos, pero el hecho de tener un corazón que escucha marcará la diferencia para ellos. Así que si tus hijos te han dicho: "Papá, no estás escuchando", reconoce que algo serio anda mal en tu forma de interactuar con ellos, y haz todo lo posible para comunicarte con eficacia con aquellos a quienes amas.

Conducta

Un hombre de terciopelo se *conduce* como un caballero. He observado a esposos que dicen y hacen cosas que son muy impropias de un caballero. Quizá sus actitudes reflejan la falta general de cortesía que marca a nuestra sociedad actual. Cuando una mujer entra en una sala y no quedan asientos disponibles, muchos hombres no ofrecen su silla, aunque eso sería algo honorable. Hoy día, muchos hombres esperan que sus esposas no solo lleven un sueldo a casa y hagan la mayor parte del trabajo casero y el cuidado de los niños, sino que corten el césped, laven el automóvil, pinten la casa e incluso arreglen los muebles. Si no hay un hombre en la casa, o si a una mujer le gusta cortar la hierba, es comprensible que ella lo haga, pero un caballero ve a su esposa como alguien muy especial y tiene cuidado con las cargas que le obliga a llevar.

No creo que un hombre pueda justificar hacer que su esposa trabaje más que él. Cuando las mujeres sienten que están obligadas a realizar tareas pesadas, tal vez están dispuestas a hacerlo con sus manos pero quizá se estén rebelando en su corazón. Puede que tu esposa esté cortando la hierba con una segadora, y cuestionándose tu carácter en su mente mientras lo hace.

Tres
UN BUEN PROVEEDOR... Y ALGO MÁS

Quizá el típico esposo pueda reconocer que no es necesariamente el ciudadano que debería ser ni el héroe romántico que a su esposa le gustaría que fuera. Pero cuando se trata de qué tipo de sostén para su familia es, un hombre casi siempre proclamará que es un buen proveedor de su familia. Dirá que trabaja mucho para suplir las necesidades materiales de su familia. Pero también es más que probable que no se haya hecho esta pregunta: "¿Qué provisión es la que aportaría el mayor beneficio a mi familia?".

En una ocasión durante el tiempo de Halloween, un adolescente que pasaba en un automóvil deportivo muy costoso lanzó unos huevos a mi casa. Al haber visto al muchacho en el momento en que lo hizo, llamé a la policía con la descripción del automóvil. En pocos minutos un oficial llevó al culpable a mi casa para que hiciera los arreglos pertinentes. Poco después llegó el padre a buscar a su hijo desobediente. Inmediatamente el hombre comenzó a regañarle por la broma y la vergüenza que había causado a su familia. Después dijo una frase que nunca olvidaré: "Hijo, te he dado todo lo que has necesitado y más de lo que quieres, y mira lo que haces".

Muchos padres han dado todo lo que pueden a sus hijos, solo para quedarse exasperados y perplejos al ver que su generosidad económica ha fallado a la hora de enseñar a su descendencia acerca de la decencia y el respeto hacia los demás. Sin embargo, hay tres áreas en las que un padre tiene que ser un buen proveedor: material, emocional y espiritual. Quizá sería útil examinar dónde se origina esta responsabilidad.

Cuando Adán y Eva se vieron ante una nueva forma de vida fuera del huerto, Dios le dijo a Eva que su esposo "se enseñoreará de ti" (Gn. 3:16). Con el liderazgo atribuido a Adán llegó la responsabilidad: Adán y su descendencia masculina debían dar cuentas a Dios del cuidado de sus esposas e hijos. Y no iba a ser fácil. "Con el sudor de tu rostro comerás el pan", le dijo a Adán (3:19). Ese ha sido el plan de Dios desde el principio.

La responsabilidad es igual de clara para los seguidores de Jesús: "porque si alguno no provee para los suyos, y mayormente para los de su casa", escribió el apóstol Pablo, "ha negado la fe, y es peor que un incrédulo" (1 Ti. 5:8). Incluso los que odian a Dios, por lo general, aceptan esta responsabilidad básica, dijo Pablo.

Proveer para las necesidades de la propia familia no es todo trabajo pesado y fatiga, por supuesto. Dios sabe que el hombre necesita un reto para disfrutar la vida y madurar. Adán se vio ante un mundo de malas hierbas, espinos, cardos, animales salvajes y un clima variado que desafiaba su fuerza e ingenuidad. El esfuerzo obligó a Adán a madurar como hombre. Las demandas diarias desde entonces han empujado a esposos y padres hacia un liderazgo responsable.

PROVISIÓN MATERIAL

Una de las necesidades materiales de las que somos responsables de proveer es la comida. El problema hoy día no es tanto si suplimos suficiente, sino si proveemos el tipo correcto de nutrientes, con vitaminas y minerales adecuados para ayudar a nuestras familias a estar saludables y fuertes.

Con productos que enfatizan una rápida preparación y apelan al sabor, los consumidores a menudo sacrifican sus necesidades nutricionales por alimentos que meramente satisfacen sus antojos. Sin embargo, no podemos dar por hecho que las sabrosas comidas rápidas son adecuadas para mantenernos saludables; sabemos que no lo son. De hecho, nuestros terribles hábitos alimenticios han contribuido a muchos problemas relacionados con la salud, como diabetes, obesidad, hipertensión, enfermedades cardiovasculares y muchos otros problemas. Como hombre de Dios, es importante que no solo animes a tu familia a mantener una dieta saludable y hacer el ejercicio adecuado, sino que tú mismo seas un modelo.

Una segunda necesidad material es la ropa. Tu familia no necesita superar la ropa de sus amigos, pero una vestimenta limpia y decente indica respeto por el cuerpo. También es necesario un lugar adecuado para vivir, así como un medio de transporte en nuestra sociedad móvil.

El hombre completo reconoce y acepta la responsabilidad de la provisión. La necesidad material es, de hecho, la menor de las tres necesidades esenciales de cada familia, aunque muchos hombres no pasan de la primera.

SEGURIDAD EMOCIONAL

La segunda necesidad está en el área de la seguridad emocional. Nuestros seres queridos necesitan sentirse seguros, cuidados y dignos de nuestro tiempo. Tristemente, toda la provisión económica y material del mundo no puede suplir el daño emocional que se produce cuando esto no se tiene.

Seguridad

En encuestas sobre asuntos familiares, he preguntado a bastantes mujeres lo siguiente: "Si pudieras destacar la necesidad más urgente para suplir tus necesidades emocionales, ¿cuál señalarías?". Casi todas las mujeres, sin dudarlo, han respondido: "Seguridad". Eres responsable de proporcionar un sentimiento de *seguridad* no solo para tu esposa sino también para tus hijos en su vida emocional.

La seguridad no reside en un gran salario, una casa impresionante o posesiones. Las mujeres me dicen: "Yo no necesito lo mejor de todo; lo que realmente quiero es a mi marido. Quiero que comparta su vida conmigo". La seguridad surge del sentimiento de que una persona responsable cuida de nosotros. La seguridad inspira esta reacción: "Él está interesado en lo que yo estoy interesada. Él se preocupa por mí. Él no me abandonará". La seguridad profundiza cuando un hombre dice sinceramente: "Necesito que me ayudes en este problema", porque está comunicando que valora a la persona a la que está pidiendo ayuda.

Nada sustituye a la seguridad en la vida de una mujer. Aunque su seguridad debería surgir de su relación con Dios, el Señor obra a través de la devoción, confianza y coherencia de su esposo de manera profunda que a ella le afecta de forma trascendente. La mujer que no puede confiar en la palabra y las acciones de su esposo no puede darse a él como a él le gustaría. Incluso si ella posee una seguridad material completa, tener inseguridad emocional puede causarle un gran estrés físico y mental. Finalmente, la relación se rompe bajo la presión de la desconfianza.

Afecto

Otra necesidad emocional es la de amor y *afecto*. ¿Cómo muestra un hombre amor por su familia? La manera más fácil es con la mirada. ¿Recuerdas tus días de noviazgo? Puede que estuvieras sentado en el otro lado del aula lejos de donde estaba ella, o en una mesa en un restaurante, y con una sola mirada le trasmitiste todo un párrafo. Si no has aprendido a expresar tu afecto por tu familia mediante una mirada de amor, harías bien en aprender.

Cuando mis hijos eran adolescentes, solían sentarse en las primeras filas de la iglesia, enfrente de la silla donde yo me sentaba, e invariablemente les miraba antes de subir a predicar. Nada me daba un mayor sentimiento de seguridad que el brillo de sus ojos que me decía: *Papá, estamos orando por ti.* Eso es amor expresado con solo una mirada.

El amor y el afecto también se pueden demostrar mediante el toque físico. El toque es una extensión de tu yo verdadero. ¿Con qué frecuencia abrazas a tus hijos afectuosamente? ¿Con qué frecuencia te acurrucas con tu esposa de formas que demuestran afecto sin demandar más de ella?

Si una mirada y un toque son vitales, más aún lo son tus expresiones verbales de afecto. ¿Con qué frecuencia les dices a los miembros de tu familia que les amas, que piensas que tienes la mejor esposa y los mejores hijos del mundo?

¿Alguna vez has conocido a una mujer a quien no le guste que le digan que es bonita? No hay una mujer ni un niño que no se ilumine cuando recibe un halago. Como padres y esposos que son respetados como la cabeza del hogar, podemos dar una palabra de halago que anime y edifique a nuestras esposas e hijos. De hecho, Hebreos 3:13 ordena: "exhortaos los unos a los otros cada día, entre tanto que se dice: Hoy; para que ninguno de vosotros se endurezca por el engaño del pecado". El amor y el afecto florecen cuando te muestras cercano: con abrazos, miradas, frases y dándote a tu familia.

Comprensión

La tercera área de necesidad emocional es la *comprensión*. Esto no significa que un hombre tenga que comprender del todo a las mujeres; ¡nadie está pidiendo aquí imposibles! Dios hizo que las mujeres fueran misteriosas, y las amamos por ello. Más bien, comprensión significa que estamos dispuestos a aceptar a nuestros seres queridos tal como son, y que no estamos intentando continuamente hacer que sean distintos. Debemos hacer el esfuerzo de conocerles, reconocer cómo reaccionan ante diferentes situaciones, identificarnos con sus luchas, apreciar sus fortalezas, responder con compasión a áreas de debilidad y escuchar atentamente lo que nos digan. ¿Por qué? Porque cuando se sienten entendidos, también se sienten amados y aceptados.

Cada individuo es distinto. Quizá alguno de tus hijos tiene algo que te desespera, especialmente si él o ella está creciendo, pero la comprensión dice: "Te acepto aunque me desconciertes". Cuando los hijos dicen: "Mis padres no me entienden", lo dicen en serio. "Mis padres no me aceptarán tal como soy. Han rechazado lo que soy y lo que creo". Quizá también quieran decir: "Mis padres están demasiado ocupados como para interesarse por lo que pienso y siento". Pero cuando aprovechas cada oportunidad para conocerles en verdad, se sentirán apreciados y respetados, aunque no siempre comprendas lo que están diciendo.

Debemos amar a nuestros hijos aún cuando debamos expresar nuestra desaprobación de alguna acción inmoral que hayan podido cometer. Y debemos dirigirles, no empujarles, a una mayor intimidad con Cristo y la obediencia a Él. También debemos dedicar tiempo no solo a realizar apresuradamente las actividades con nuestros hijos, sino a escucharles. Si prefieren distraerse con aparatos electrónicos u otras actividades, nuestra tarea es desconectarlos durante algún tiempo cada día o cada semana para que aprendan a comunicarse con nosotros y podamos escucharles.

Tiempo

Un hombre provee para las necesidades emocionales de su familia dándoles su *tiempo*. Tiempo es una palabra que dice:

- "Estoy dispuesto a involucrarme contigo, hijo".

- "Cariño, estoy contento de escucharte y oír lo que tienes en tu corazón".

- "Te amo tanto que quiero estar a tu lado siempre que me necesites".

- "Eres muy importante para mí".

Ningún padre puede llevar a casa un cheque lo suficientemente grande como para comprar el no dedicar tiempo a su esposa y sus hijos. Tu familia necesita tu presencia. Cuando decides hacer de tu trabajo una prioridad, en vez de tu familia, siempre habrá consecuencias.

Confieso que, al principio, fui culpable de poner mi trabajo por delante, y razonaba mis decisiones diciendo: "Es porque lo estoy haciendo para Dios". Pero también aprendí que si somos negligentes con nuestra familia, el Señor no se impresiona con lo que estemos haciendo para Él. Esto se debe a que el tiempo juntos edifica unidad los unos con los otros y nos da oportunidades de enseñar a nuestros hijos acerca de Dios. El tiempo con nuestra familia les transfiere nuestro carácter y fortaleza. Si un padre nunca está en casa con su esposa y sus hijos, ¿cómo recibirán ellos lo que el Señor les ha dado a través de él?

Placer

Un padre no debería pasar por alto su responsabilidad de proveer *aficiones placenteras* para su familia: vacaciones, acampadas o viajes de pesca, o cualquier actividad recreativa que les enseñe acerca del mundo que les rodea, que les ayude a descubrir sus dones naturales y espirituales, y que promueva un crecimiento emocional saludable. Fomentar y participar en las actividades y excursiones familiares para disfrute de la familia no es solo la responsabilidad del padre, sino también un privilegio para él.

Atención

Otro regalo emocional es la *atención*. Esto significa concentración ininterrumpida en lo que la gente dice y tal como lo dice. Un hombre de nuestra iglesia describió estar enfocado durante sus interacciones con su esposa de esta forma: "La atención para mí es estar quieto el tiempo suficiente como para oír lo que mi esposa tiene en su corazón y entender cómo necesita que yo responda".

Muchas distracciones intentan reclamar nuestra atención, así que tenemos que trabajar diligentemente en ser atentos. Esto es extremadamente importante en cada área de tu vida, porque si estás tan ocupado que no puedes enfocarte en un miembro de la familia que expresa un deseo, gozo o necesidad, quizá te resulte difícil enfocar tu atención en Dios. Este puede ser uno de nuestros mayores problemas en nuestra relación con el Padre y con otros: nunca hemos aprendido a ser oidores activos que responden a lo que se les dice. Es sorprendente ver todas las bendiciones que nos perdemos cuando no prestamos atención.

NECESIDADES ESPIRITUALES

La tercera área principal de provisión de la que un hombre de Dios es responsable es la de las necesidades espirituales de su familia. Como hombres, debemos esforzarnos por ser padres y esposos semejantes a Cristo; no perfectos, sino maduros. Nuestros hijos no necesitan un sermón acerca de Jesucristo sino un ejemplo de su amor, gracia, sabiduría y santidad que puedan imitar.

Un buen proveedor creará una atmósfera en la que su familia pueda hablar con libertad de las cosas espirituales. De hecho, uno de los mayores logros de un padre es aplicar los principios espirituales de manera hábil y agradable a las áreas de intereses y dificultades de sus hijos, hablándoles y ayudándoles a la vez a sus hijos e hijas a entender la verdad que hay detrás de esas cosas. Al hacerlo, les edifica y les prepara para el futuro.

Me di cuenta de que mi enseñanza más eficaz a menudo se producía en el ambiente relajado de la sobremesa, cuando mis hijos me contaban problemas personales o incidentes en la escuela que tenían que ver con alguno de sus amigos. Una y otra vez, uno de ellos decía: "Papá, aprecio lo que hablamos el otro día. Descubrí que funciona de verdad". La aplicación práctica de una verdad se graba profundamente en las mentes de nuestros hijos, que están buscando y madurando.

La provisión en el área espiritual incluye la responsabilidad de aconsejar a tus seres queridos acerca de los asuntos eternos. ¿Puedes guiar a tus hijos a la fe en Jesús? ¿Estás preparado para explicar su necesidad de salvación y el perdón de pecados?

Quizá digas: "Como no leo mucho la Biblia ni sé mucha teología, voy a enviar a mi esposa y a mis hijos al predicador". A un pastor no le importa ayudar a tu familia, especialmente a la hora de responder preguntas difíciles de fe. Pero si estás enviando a tu familia al pastor porque no estás dispuesto a buscar soluciones tú mismo, estás eludiendo una gran responsabilidad como creyente y como padre (1 P. 3:15). Si deseas fervientemente proveer para tu familia, debes hacer el esfuerzo de entender los asuntos espirituales lo suficiente como para enseñárselos a tus hijos.

Finalmente, en el área espiritual eres responsable de guiar a tu familia a una iglesia centrada en Cristo, donde la enseñanza provenga de la Palabra de Dios. Si tienes que filtrar lo que se predica y decirle a tu familia: "No hagan caso de lo que el pastor dice acerca de esto o aquello", es muy probable que estés en la iglesia errónea. En cambio, deberías ser capaz de dialogar sobre lo que la familia ha oído y construir sobre ello para edificarse unos a otros. Si tu iglesia no edifica a tu familia espiritualmente, ora para asistir a otro lugar. Tus seres queridos necesitan la comunión con familias cristianas que amen a Dios y que también les amen a ellos.

¿Quién es suficiente para hacer todas estas cosas? ¡Todo hombre que pone a Cristo en primer lugar! Dios nos hizo con la capacidad de proveer para nuestra familias: *físicamente* al darnos músculos y mentes; *emocionalmente* al capacitarnos para lidiar con las preocupaciones y los cuidados de los miembros de nuestra familia mediante el tiempo y la atención; y *espiritualmente* al animar la dependencia del Dios vivo dentro del corazón del creyente. En otras palabras, todo lo podemos en Cristo que nos fortalece (Fil. 4:13).

PRECAUCIONES

Así pues, piensa: si un buen proveedor es un hombre que suple las necesidades espirituales, emocionales y materiales de su familia, ¿dirías que tú eres un buen proveedor? Si no eres cristiano, por supuesto, no es posible que puedas suplir sus necesidades espirituales; el Espíritu Santo debe vivir en ti para poder hacerlo. De igual forma, si eres cristiano pero no estás caminando en el Espíritu, en realidad no eres capaz de proveer del todo para tu familia tampoco, al menos no como el Señor quisiera que lo hicieras. El hombre completo está creciendo en su vida espiritual, es diligente en su vocación y amoroso con su familia, equipando así discípulos en la familia que Dios le ha dado. ¿Te describe eso a ti? Puede ser. El Padre te capacitará si estás dispuesto.

Ahora, aquí tienes unas cuantas precauciones que observar cuando proveas para tu familia.

Provisión excesiva

Primero está la *provisión excesiva*: dar a tu familia más de lo que es necesario o bueno para ellos. Jesús dijo: "Pues si vosotros, siendo malos, sabéis dar buenas dádivas a vuestros hijos, ¿cuánto más vuestro Padre que está en los cielos dará buenas cosas a los que le pidan?" (Mt. 7:11). Con la ayuda de Dios, podemos proveer todo lo que necesita nuestra familia, y como el Señor, deberíamos intentar suplir sus otros deseos según nos dicte la sabiduría. Pero cuando la provisión material, emocional y espiritual es excesiva, puede ser realmente destructiva, apagando la iniciativa individual, la capacidad de tomar decisiones y el crecimiento. Por eso el Padre no nos da todo lo que le pedimos, y por eso no deberíamos suplir necesariamente toda petición que recibimos de nuestra familia, porque las consecuencias de hacerlo pueden ser totalmente devastadoras.

Por ejemplo, un padre excesivamente indulgente puede malcriar a su hija, creando una actitud irracional de sentirse con derecho. Puede que la chica espere conseguir automáticamente todo lo que quiere, siempre que lo quiera. Esa hija no sentirá la necesidad de orar, e incluso puede enojarse con Dios cuando no consiga lo que quiere.

En su lugar, es extremadamente importante enseñar a nuestros hijos a orar, esperar en el Señor y aceptar sus respuestas con alabanza. Esto ayuda a nuestros hijos a crecer en su fe, apreciar lo que tienen y reconocer la autoridad de Dios. Por eso a veces es mejor para nosotros privar a nuestros hijos de algunas de las cosas que quieren, porque al hacerlo podemos enseñarles la importancia de la paciencia, la oración y la confianza en el Señor.

Un desequilibrio en la provisión puede perturbar la seguridad de cualquier familia. La obsesión con las cosas materiales cambia nuestra atención apartándola de Dios. Quizá te preguntes: *¿Cuánto es demasiado?* Solo Dios sabe qué es lo mejor para tu familia, así que búscale diariamente para establecer buenos límites. Observa a tus hijos, conoce a tu esposa y haz una evaluación sabia de las opciones que el Padre te da. Juntos, como familia, pueden establecerse metas para que cada miembro tenga alguna responsabilidad para el buen funcionamiento del hogar. Dios, a través de ti, proveerá todo lo que sea necesario.

Esclavitud a la provisión

Un problema relacionado con la provisión excesiva y que se debe evitar es la esclavitud a la provisión: te encuentras día y noche trabajando para proveer para los deseos de la familia que sobrepasan sus verdaderas necesidades. Puede que un esposo haga esto debido a las expectativas de su esposa. Puede que una esposa que está subiendo en la escala social quiera participar de todos los lujos que tienen sus colegas, independientemente de si su marido puede permitírselo o no. Puede que un hijo amenace con rebelarse si no consigue el teléfono, la ropa o el automóvil que quiere. Tristemente, un padre con un complejo de culpabilidad puede actuar sin sabiduría cuando constantemente oye: "Todo el mundo tiene uno", consiguiendo así un segundo o tercer trabajo para proporcionar posesiones que al final pueden dañar a su familia emocional y espiritualmente.

Orgullo

Un tercer problema para el proveedor puede ser el orgullo. Es fácil saber si eres susceptible en esta área, porque sientes una inmensa cantidad de presión cuando te das cuenta de que los vecinos tienen más y mejores posesiones que tú. La idea de que debes competir materialmente para demostrar tu valía es siempre evidencia de que tienes un orgullo inapropiado. Jesús aconsejó: "porque la vida del hombre no consiste en la abundancia de los bienes que posee" (Lc. 12:15).

Las úlceras, problemas de corazón y otras enfermedades de muchos hombres no son el resultado de demasiadas horas de trabajo, sino de su estrés emocional, de su interminable enfoque en llegar a lo más alto. Lamentablemente, cuando la salud del padre se deteriora, la familia puede volverse crítica en vez de agradecer lo que él ha hecho por ellos. Esto se debe a que ellos, como él, valoran la ganancia material más que las realidades espirituales. Cuando su flujo de provisión se ve amenazado, se vuelven más ansiosos por las comodidades perdidas que por el deterioro de su salud. Desdichadamente, papá se siente desamparado e inútil porque su ascenso a la cima se ha detenido y ya no puede ganarse su valía a ojos de ellos. No sabe qué hacer porque sus valores están muy distorsionados.

Escapar de la provisión

Otro trágico problema es cuando los hombres intentan escapar de su tarea de proveer. Cada año más de cien mil hombres eluden sus responsabilidades familiares. Estos no son tan solo hombres vagos sin iniciativa; entre ellos hay hombres que han perdido su sentimiento de identidad y de dignidad. Los problemas de la vida les han golpeado y han aplastado sus esperanzas. La pérdida del trabajo es con frecuencia un importante factor, como lo es la enfermedad. Pero, en algún momento del camino, muchos de estos hombres cuestionaron su hombría y se vieron con carencias, así que dejaron de intentar proveer para sus familias. Incluso peor, muchos nunca descubrieron la maravillosa razón por la que Dios les creó ni el increíble plan que Él tiene para sus vidas. Realmente dan mucha lástima, sin dejar de condenar su pecado de irresponsabilidad.

Amigo, si es aquí donde te encuentras hoy, no pierdas la esperanza. Puedes vencer estos sentimientos de indignidad y falta de valía mediante una relación con Dios. Tu matrimonio puede sobrevivir a la pérdida de tu trabajo si acudes a Cristo para encontrar en Él tu identidad y esperanza. No caigas en la desesperación por volver a encontrar trabajo. Recuerda: el Señor obra por quienes esperan en Él (Is. 64:4). Continúa buscándole, persigue seguir formándote, y acude a tu iglesia en busca de ayuda y apoyo.

Cuatro
EL LÍDER DE DIOS

El hogar es más que una casa en la que las personas comen, duermen y hablan. El hogar cristiano es una pequeña sociedad, una organización y una parte del cuerpo espiritual de Cristo. Es mucho más complejo de lo que la mayoría de personas piensan.

El hombre normal y corriente se casa para disfrutar de sí mismo, sin darse cuenta de que ha aceptado la asombrosa responsabilidad de guiar a su esposa y su casa. Se ha convertido en el guía de un pequeño organismo social al que nuestro Señor Jesús llama familia.

Hoy día vemos mucha confusión y frustración en nuestros hogares. Una razón es que el hombre que debería ser la cabeza del hogar nunca ha reconocido su responsabilidad como su líder. Oigo a hombres casados decir: "Yo no soy un líder". Pero creo que si no estás guiando, no estás cumpliendo tu destino, porque Dios requiere liderazgo de cada esposo.

Debido a esta falta de un buen liderazgo bíblico, las familias se están hundiendo en la frustración, ansiedad y vacío con metas vagas y poco sentido de la dirección. Demasiados niños están luchando porque no ven un verdadero propósito o significado en sus hogares.

Otra razón para este problema se origina por nuestras percepciones de la autoridad. Con demasiada frecuencia oímos el reto: "¿Qué autoridad ha puesto al esposo sobre la esposa?".

Este no es un plan hecho por hombres para explotar a sus esposas, sino un principio bíblico. En 1 Corintios 11:3 se nos dice: "Pero quiero que sepáis que Cristo es la cabeza de todo varón, y el varón es la cabeza de la mujer, y Dios la cabeza de Cristo". El Señor designó al esposo como el proveedor y protector de la esposa y la familia por alguna razón, y aunque lo intentáramos, no podríamos mejorar el diseño de Dios.

Efesios 5:22-24 enseña que el esposo debe ser la cabeza de la esposa y la esposa debe someterse a su esposo. Hay muchos principios implícitos en este pasaje, pero es importante observar que el pasaje habla del anuncio de Dios de que el esposo es el líder del hogar, quiera serlo o no. La única pregunta es si es el líder de *Dios*.

La familia es una organización que funciona 24 horas al día, los 365 días del año. Es una de las estructuras más poco comunes del mundo, y una de las más importantes. Pero están ocurriéndole cosas extrañas a esta unidad organizacional.

El hombre normal y corriente llega a casa cada día por la noche, cena, ve la televisión o se apresura a hacer actividades y recados, se va a la cama y se levanta a la mañana siguiente para repetir el mismo proceso, a menudo siendo poco consciente de los bienes y las responsabilidades que está manejando en su familia.

PRESIDENTE DE LA COMPAÑÍA

Hombre de Dios, es importante que entiendas que, en tu hogar, tú eres el presidente de una compañía con muchas divisiones. Permíteme enumerar algunas: alojamiento, servicio de comida, transporte, educación, adoración, diversión, economía, consejería, medicina y mantenimiento (lo cual incluye carpintería, fontanería, recolección de basuras, pintura, decoración, servicio de jardinería y quizá cuidado animal). ¡Ninguna otra organización en el mundo intenta funcionar en tantas divisiones sin ayuda! Ni ninguna otra organización tiene normas más elevadas para la armonía, prosperidad y estabilidad. Convertirse en un esposo y padre es una gran responsabilidad ante los ojos de Dios.

El objetivo del Señor cuando estableció el hogar era unir al marido, la esposa y los hijos en una comunidad que les edificara con amor y apoyo y les ayudara a madurar en la fe. Al hacer esto, todos ellos crecerían en su relación con Jesucristo. Uno de los objetivos de Dios es que cada miembro se motive a perseguir su máximo potencial como discípulo de Dios. Así que si los miembros de la familia están creciendo, edificándose unos a otros, buscando el rostro de Dios y aprendiendo los principios espirituales de las Escrituras, estarán siendo continuamente conformados a semejanza de Cristo (Ro. 8:29). Esta es la medida del éxito de su compañía.

El Señor hizo a hombres y mujeres iguales en valor y compañeros en la empresa de la familia, pero le dio a cada uno papeles familiares significativamente distintos. Desdichadamente, la esposa que dice: "No me gusta la idea de someterme a mi esposo" y tiene rebeldía en su interior, a menudo se mina a sí misma sin darse cuenta. Esto se debe a que Dios ha puesto la responsabilidad del hogar sobre el esposo para liberar a la mujer con el fin de que ella se convierta en la mujer completa que Él quiere. Si ella compite por la misma posición, autoridad, función y responsabilidad que su marido, está corriendo en contra del camino que lleva a la consecución de todo su potencial y máxima realización. El Padre tiene sueños mucho mejores, mucho más plenos para ella, aunque ella no se los pueda imaginar.

Sin embargo, no podemos culpar a nuestras esposas de esto: la responsabilidad reside directamente sobre nuestros hombros. Como expliqué antes, muchas veces nuestras esposas intentan tomar el control de nuestra familia porque hemos dejado un vacío de liderazgo y ellas sienten que no tienen otra opción. Como resultado, no nos sentimos respetados, y ellas se sienten inseguras y no amadas. Pero esto ilumina claramente la verdad de que no podemos dirigir indirectamente o delegar tareas que nosotros estamos llamados a cumplir. Debemos entender que si continuamos oponiéndonos o ignorando el diseño del Señor, obstaculizaremos sus propósitos y sus objetivos para nuestra familia.

Por eso es importante que los hombres de Dios tomen sus mantos de responsabilidad. No podemos renunciar a nuestros cargos. No podemos tomar un permiso para ausentarnos o jubilarnos antes de tiempo en esta organización, ya que hacerlo significaría debilitar a nuestras familias y asegurarnos la caída de nuestros hogares.

OBJECIONES

Sé que algunos maridos podrían objetar esta admisión: "Mi esposa tiene más talento y conocimiento que yo. Tiene un mejor trasfondo cultural que yo". Puede ser una observación precisa, pero el orden familiar no está basado en la inteligencia o el talento, sino en el decreto dado por el Señor teniendo en cuenta los mejores intereses del marido y de la mujer. Quizá no lo entendamos, pero podemos aceptarlo como la dirección sabia de nuestro Dios amoroso.

Algunos nuevos maridos quizá piensen: *Me acabo de casar; ¿qué tipo de responsabilidad tengo?* La misma. "Pero yo no tengo ninguna responsabilidad", quizá insistas. ¡Sí la tienes!

Lo alarmante acerca de muchos matrimonios en la actualidad es la forma en que las personas entran y salen de ellos. Obviamente, muchos no saben dónde se están metiendo, y las tormentas inesperadas les hacen huir.

Hace algún tiempo aconsejé a una pareja que estaba teniendo problemas matrimoniales. El hombre quería divorciarse de su esposa. Cuando les pregunté: "¿Por qué motivo?", él respondió: "Bueno, siento que le irá mejor con alguien que pueda proveer mejor las cosas que ella quiere en la vida. Estoy dispuesto a salir y dejar que entre otro". Le dije: "El problema de esa ruta es que ese otro hombre no puede cumplir tu responsabilidad. A ojos de Dios, estás obligado y eres capaz de suplir las necesidades de tu esposa". Tristemente, los jóvenes, de algún modo, han adquirido la idea de que el matrimonio es solo para el placer. El matrimonio tiene mucho que ver con el placer, pero también con la responsabilidad.

LO QUE SIGNIFICA SER LA CABEZA

Algunos de nuestros problemas provienen de no haber entendido lo que es la cabeza del hogar. Dios no hizo al hombre superior o a la mujer inferior en la creación. Ningún versículo de la Biblia sugiere eso. Se acusa a los cristianos conservadores de reprimir a las mujeres y de no permitirles cumplir todo su potencial. Pero los que creen en la Biblia refieren las críticas a la palabra de Pablo en Gálatas 3:28: "Ya no hay judío ni griego; no hay esclavo ni libre; no hay varón ni mujer; porque todos vosotros sois uno en Cristo Jesús". Esto establece que todos los cristianos están en el mismo nivel y tienen el mismo valor delante de Dios.

Cuando el Señor designa al marido como cabeza de la mujer, no sugiere que el esposo sea superior, más intelectual o más capaz que ella. Algunos esposos pueden promover esta interpretación, y algunos predicadores pueden darlo a entender despreocupadamente, pero la Palabra de Dios no lo apoya. La pregunta no es quién es mejor o más privilegiado, sino quién es el líder en la organización familiar del Señor.

"¿Por qué necesitamos un líder?", preguntan algunos jóvenes. "¿No pueden ser líderes ambos? ¿Acaso no somos libres para tomar nuestras propias decisiones? ¿No podemos colaborar?".

Mi respuesta es: intenta nombrar un proyecto que requiera delicadas decisiones realizado por un equipo de personas que haya tenido éxito sin que haya habido un líder designado o reconocido. Por supuesto que la colaboración y la cooperación son necesarias y constructivas. Pero desde la competición en una guardería hasta las campañas políticas, la discusión ahoga la acción y destruye la unidad a menos que se reconozca a un líder. ¿Por qué esperar que la compleja empresa del matrimonio sea diferente?

La familia ha recibido una estructura ordenada por Dios para lograr sus metas. Esta estructura asigna la autoridad, así como en una empresa. El presidente de una compañía no es necesariamente superior al vicepresidente en capacidad, pero, por el bien de la organización y de todos los miembros de su equipo, se necesita la cooperación, y es dirección y visión del líder.

Como vimos previamente, 1 Corintios 11:3 y Efesios 5:22-24 nos dan una cadena de mando que comienza con Dios:

> Pero quiero que sepáis que Cristo es la cabeza de todo varón, y el varón es la cabeza de la mujer, y Dios la cabeza de Cristo (1 Co. 11:3).

> Las casadas estén sujetas a sus propios maridos, como al Señor; porque el marido es cabeza de la mujer, así como Cristo es cabeza de la iglesia, la cual es su cuerpo, y él es su Salvador.
> Así que, como la iglesia está sujeta a Cristo, así también las casadas lo estén a sus maridos en todo (Ef. 5:22-24).

Si decimos que la Biblia está equivocada al poner al hombre como autoridad sobre la mujer, quizá también tengamos problemas con decir que Cristo es el líder señalado de la Iglesia y que Dios Padre es el líder de la Trinidad en su modo de operación. O creemos la Palabra, o no la creemos. Sin embargo, vemos innegablemente que el resto de las Escrituras afirman que el Padre encabeza la Trinidad y que Jesús es el Señor de la Iglesia. Esa realidad establece el resto de la cadena de mando de Dios como *Padre, Hijo, hombre, mujer.*

Al margen de sus distintos roles en la jerarquía divina, el Padre y el Hijo son iguales. Jesús declaró su igualdad con estas palabras: "El que me ha visto a mí, ha visto al Padre" (Jn. 14:9) y "Yo y el Padre uno somos" (10:30).

Cuando Jesús caminaba por esta tierra, era obediente a su Padre. Nosotros, del mismo modo, tenemos que obedecer a Cristo e, igualmente, nuestras esposas deben respetar nuestra manera de dirigirlas. Desde la sabia visión de Dios, y Él es omnisciente o que todo lo sabe, esta jerarquía es el mejor modelo para madre, padre e hijos porque es el que mejor suple nuestras necesidades. Por supuesto, el plan no funciona como el Señor quiso, ¡si el esposo no ama a su esposa como Cristo ama a la Iglesia!

Que el esposo sea la cabeza del hogar no significa que vaya por ahí golpeándose el pecho, esperando que todo el mundo le obedezca automáticamente o se convierta en su esclavo. Sumisión en términos de Dios significa cooperación en el cumplimiento de un plan maestro y autoexpresión dentro de unos límites correctos. Todo aquel que vive según el plan del Señor está bajo la autoridad de alguien; así que cada persona tiene que encontrar el papel único que Dios le ha dado.

A lo largo de las Escrituras vemos que el deseo del Padre es que la esposa se someta a su esposo basándose en el amor y el respeto que le tiene. Entendemos mejor este principio investigando cómo la Iglesia tiene que someterse a Cristo. Jesús pedía a sus discípulos obediencia, pero también recibía con agrado sus preguntas y honraba sus sentimientos. Él estableció una norma de perfección ante ellos, pero les aseguró el perdón y un amor constante, incluso cuando fallaban.

Cuando Pedro retó lo que Jesús estaba diciendo, nuestro Señor tiernamente le disciplinó y corrigió (Mt. 19:25-30; 26:31-34). Una vez Jesús le dijo a Pedro que hablaba como el diablo, pero Jesús siguió tratándole como un amigo (Mt. 16:22-23). Jesús siempre buscó la cooperación voluntaria en vez de imponer su legítima autoridad sobre sus seguidores.

Pocas mujeres quieren dejar a un esposo que es una cabeza del hogar semejante a Cristo, alguien que está creciendo (no perfecto) y ejerciendo su responsabilidad en amor. Por supuesto, hay mujeres y hombres que quieren hacer lo que les plazca y tienen un problema básico de siempre resistirse a Dios. Cuando alguien no quiere hacer lo que le agrada al Señor, por lo general no quiere tampoco agradar a otros; a menos, claro está, que eso beneficie sus propios intereses. Esta actitud engendra frustración, ansiedad e inseguridad en una esposa que está confundida en cuanto a su papel adecuado en la familia. Sin embargo, un verdadero espíritu de rendición al Padre nos capacita para someternos a otros según el plan de Dios.

HOLGAZÁN Y DICTADOR

Tristemente, nuestra imagen del Padre como la figura de autoridad en la familia ha sufrido dos graves distorsiones. Una es el hombre que demanda el respeto de su familia pero no quiere las muchas responsabilidades que acompañan a su posición como líder. Es indiferente o insensible a las necesidades de su familia y tiende a alejarse cuando llegan decisiones difíciles. Su actitud distante y su indecisión crean inseguridad en su esposa y sus hijos. No provee para su familia como debería porque está demasiado preocupado con sus propias necesidades y deseos, y las vidas de ellos fluctúan constantemente debido a los caprichos temporales y los grandes sueños de él. Su familia no puede contar con él. Debido a su ejemplo, los hijos probablemente estén creciendo con la idea de que la autoridad conlleva mucha palabrería, poca acción y ninguna responsabilidad.

La otra distorsión es el padre que actúa como un dictador, un líder autocrático que no permite que cuestionen sus decretos. Su palabra es la primera y la última. Él gobierna de manera suprema, pero no en el corazón y en la mente de su intimidada familia. Alardea de cómo dirige a su familia, pero todos saben que solo mantienen una conformidad externa. A sus espaldas, los miembros de su familia le ignoran así como él ignora sus sentimientos.

Un padre dictatorial puede ser un partidario de la disciplina que no sabe lo que es la misericordia, que dirige mediante la palabra de su ley, pero que no puede afirmar que esa autoridad viene de Dios. Jesucristo fue paciente, amable y amoroso. Dios dijo que debemos dirigir a nuestra familia como Cristo dirige la Iglesia. Aunque sus medidas son firmes, Él siempre actúa en amor. Del mismo modo, cuando un hombre es la cabeza genuina de su familia, no tiene que demostrar nada a nadie; está obedeciendo tranquilamente a Dios y disfrutando de los resultados.

El hombre que quiere tomar todas las decisiones sin discusión ni consejo de otros se pierde una de las mayores oportunidades de guiar a sus hijos a la madurez y a su esposa a una asociación contenta. Esto se debe a que cuando un hombre invita a su familia a participar en la toma de decisiones, los miembros más jóvenes de la familia reciben un sentimiento de valía propia y confianza, cualidades esenciales para convertirse en adultos responsables y productivos.

El padre autocrático a menudo se resiste a las opiniones e ideas de su familia porque en lo más profundo de sí carece de confianza en sí mismo. Su mala autoimagen se ve amenazada ante cualquier sugestión de crítica. Alguien ha resquebrajado su sentimiento de valía, y él extiende ciegamente la destrucción al resto de su familia. A veces uno puede ver el resultado de esto en esposas que se ponen nerviosas cuando ven que llegan sus esposos. Viven en temor y esclavitud, sin saber qué pasará después o cómo evitar provocar la ira volcánica de su esposo. Déjame ser claro: este maltrato es totalmente antibíblico.

Lamentablemente, podemos ver los efectos también en las vidas de los hijos. Un padre a cuyo hijo habían expulsado de la escuela para todo el trimestre me pidió si yo podría hablar con su hijo. Sentado a solas con el hijo, le pedí que pensara en sí mismo por un momento y que luego me dijera brevemente cómo se describiría. Hizo un largo silencio con la lúgubre etiqueta: "Un don nadie".

El abatido hijo siguió hablando de su problema, pero sus primeras palabras habían revelado de inmediato su necesidad. Su padre, un hombre impulsivo, irascible, insensible y dictatorial, había destruido el sentimiento de valía propia del hijo. ¿Por qué iba a querer ese hijo agradar a su padre? ¿Quién soporta que le traten como a un don nadie?

Como padres, tenemos que reconocer que nuestros hijos deben ser reconocidos como personas dignas, únicas y de valor. Deben ser entendidos y aceptados como son. Mientras que un dictador no permite la personalidad individual, la cabeza del hogar semejante a Cristo se goza en los diversos dones y habilidades de su familia. Dirige a su familia con el objetivo de convertirse en un cuerpo diverso pero unificado donde se ayudan entre sí y sirven a Dios fielmente.

EDIFICA A TU FAMILIA

Dios ha equipado específicamente a los hombres para edificar a cada miembro de su familia. Si dudas de esto, acuérdate de la promesa de Efesios 2:10: "Porque somos hechura suya, creados en Cristo Jesús para buenas obras, las cuales Dios preparó de antemano para que anduviésemos en ellas". ¿Qué mejor trabajo podemos hacer que enseñar a nuestras familias a amar y obedecer al Señor? Por tanto, juntos, bajo el liderazgo de Cristo y mediante nuestro fiel ejemplo, la familia puede convertirse en todo lo que Dios quiere que sea.

Cuando una esposa tiene la oportunidad de vivir en un hogar feliz y seguro bajo el liderazgo de un esposo que mira a Dios, ella disfruta entregándose libremente y siendo una parte esencial de la familia. Acepta sus funciones y responsabilidades, sabiendo que se está convirtiendo en la mujer completa que Dios quiere que sea, una mujer exitosa y eficaz, que cumple sus deseos y causa una influencia eterna. Respeta a su esposo, entiende su igualdad personal con él, se siente segura sometiéndose a él, y nutre el gozo y la esperanza que el plan y la presencia de Dios le aportan continuamente. Cumplir con la función que Dios le ha otorgado le conduce a una mayor intimidad con el Padre y a una fe más fuerte. Los hijos, de igual modo, se benefician mientras crecen en el apoyo y la amonestación del Señor.

Si no te gusta la condición de tu hogar en el presente, puedes mejorarlo. Pero primero debes entender el diseño de Dios para tu casa. Dicho de manera simple, el diseño de Dios es que el marido dirija su hogar con amor, sabiduría, sacrificio, humildad y firmeza como los de Cristo: esa es la parte del hombre. La esposa debe someterse a las decisiones de su esposo y ejercer todas sus habilidades en una asociación coordinada. El esposo no debe intentar forzar la conformidad o el respeto, así como la esposa no puede demandar el amor de su esposo. El cumplimiento de los roles debe ser voluntario para que sea verdadero.

Por supuesto, como hombres de Dios, cometeremos errores; debemos permitir eso y perdonarnos cuando suceda. Pero si miramos a Cristo y permanecemos abiertos a la ayuda de otros, aprenderemos de nuestros errores. Ese es el proceso de madurez, y todos seguiremos en él hasta que lleguemos al cielo.

POLÍTICAS ADMINISTRATIVAS

Como dije anteriormente, el esposo, como sacerdote principal del hogar, tiene la misión personal de suplir las necesidades de su familia. Aquí tienes diez cosas prácticas que un buen líder de un hogar puede y debería hacer:

Primero, se verá a sí mismo como el líder de la familia, como Dios declara.

Segundo, en consulta con su familia, determinará las pautas administrativas mediante las que se regirá su familia: cuánto dinero se puede gastar, hasta qué hora pueden estar fuera los hijos, reglas de cortesía y modestia, etc.

Tercero, un líder piadoso asumirá la responsabilidad de sus decisiones, o la falta de ellas. No culpará a otros de sus errores.

Cuarto, delegará autoridad para llevar a cabo las tareas del hogar a su esposa e hijos según sus habilidades y necesidades.

Quinto, un hombre de Dios guiará a su familia a establecer metas individuales y familiares, comenzando desde donde se encuentran en cuanto a experiencia y entendimiento. Una familia probablemente tendrá metas económicas, espirituales, materiales, sociales y personales. Un líder piadoso reunirá a su familia para hablar acerca de la importancia que tiene cada miembro a la hora de desempeñar bien su papel para ayudar a la familia a alcanzar esas metas. Mostrará a cada hijo la importancia de planificar para el futuro así como de actuar en el presente con prudencia. Por supuesto, este es un proyecto complejo que requiere una cantidad sustancial de tiempo y bastante flexibilidad. Considera pasar unos pocos días de tus próximas vacaciones haciendo este tipo de planificación, y verás los buenos efectos para el resto de sus vidas.

Sexto, un hombre piadoso enseñará a sus hijos principios prácticos para la vida cotidiana que acelerarán su progreso en su caminar cristiano y les ahorrará dolor.

Séptimo, será accesible para su familia. Los hijos a menudo no se comportan bien para llamar la atención. Ellos necesitan consejo con amor y atención. Cuando el hombre de la casa está demasiado ocupado para atender a su casa, ellos se frustran porque él no se preocupa.

Octavo, perdonará los errores y seguirá perdonando al ofensor "hasta setenta veces siete" (Mt. 18:22), como Jesús mandó. Sin embargo, se pueden hacer algunos ajustes pertinentes antes de que los errores alcancen ese número.

Noveno, un líder responsable guiará a su familia en oración regular y lectura de la Biblia para nutrir las vidas espirituales de sus seres queridos. Entrega todas las preocupaciones de tu familia a Dios durante este tiempo al acercarse juntos al trono de gracia, y enseña a tus hijos a escuchar al Señor. Explica cómo tu vida es mejor debido a tu relación íntima y personal con el Padre. Y siempre que veas a Dios obrar de alguna forma poderosa, cuéntaselo a tu familia para que se gocen contigo.

Décimo, el marido y padre completo debe aprender a depender cada vez más del Espíritu Santo para obtener su guía y poder diarios. El Espíritu fue enviado con el propósito de ayudarte, dirigirte, capacitarte, madurarte y darte sabiduría. La sumisión a Él marcará la diferencia entre los fracasos y los éxitos, las frustraciones y las satisfacciones. Y al vivir por el Espíritu ayudarás a cumplir las nueve pautas anteriores aún cuando se te olviden.

Usando la famosa descripción de Salomón de una esposa loable en Proverbios 31 como guía, Gladys Seashore escribió el siguiente tributo al líder de Dios en el hogar:

> Quién encontrará a un esposo fiel, porque su precio es mucho mayor que el de un Cadillac o incluso un Rolls Royce.
>
> El corazón de su esposa confía plenamente en él ya sea que esté en un viaje de negocios o que llegue a casa tarde de la oficina.
>
> Intenta él hacer lo mejor por ella y por su familia.
>
> Aprende a usar las herramientas de su comercio y no tiene miedo a un duro día de trabajo.
>
> Tiene conocimientos de los problemas del mundo y usa esto para enriquecimiento de su familia.
>
> Se levanta temprano en la mañana para su tiempo devocional y pide sabiduría para sus tareas cotidianas.
>
> Considera las inversiones con cuidado y compra una casa, propiedad o negocio pensando en el futuro.
>
> Vigila su salud y hace todo el ejercicio necesario para estar bien físicamente.
>
> Su trabajo es de buena calidad aunque tenga que hacer horas extra para hacerlo bien.

No descuida su hogar.

Se preocupa por los asuntos sociales e intenta ayudar a los necesitados.

No tiene miedo a los tiempos de dificultad porque ha aprendido a confiar en Dios y ha hecho lo que ha podido para proveer para su familia.

Se nutre a sí mismo y a su familia tanto física como espiritualmente.

Piensan bien de su esposa en su comunidad porque él nunca la menosprecia.

Tiene un pasatiempo que es relajante y digno.

Es fuerte y honorable y es una persona feliz, con quien es fácil convivir.

Su conversación es sabia y edificante. De hecho, una de las normas de su vida es hablar con amabilidad.

Está interesado en todo lo tocante a su familia y no es perezoso ni indiferente.

Sus hijos le aman y admiran, y su esposa está orgullosa de él y dice: "Muchos hombres han tenido éxito en este mundo, pero tú eres el mejor de todos. Si tuviera que volver a casarme, lo haría de nuevo contigo".

La adulación es engañosa, y el buen aspecto es superficial, pero un hombre que ama y teme a Dios recibirá la verdadera alabanza.

Este tipo de hombre merece ser tratado como un rey, porque su vida demuestra que lo que cree es verdadero.[1]

---

1. Gladys M. Seashore, citado en *The Evangelical Beacon,* 1977.

Cinco
INSTRUCTOR EN CASA

Proverbios 22:6 enseña: "Instruye al niño en su camino, y aun cuando fuere viejo no se apartará de él". Los padres a veces usan este proverbio bíblico para aliviar el dolor que sufren cuando sus fallos en educar a sus hijos comienzan a aparecer. Cuando los niños comienzan a rebelarse, los padres se aferran a esta promesa y le recuerdan a Dios todas las formas en que han guiado a sus hijos para que le honren a Él. Sin embargo, en algunas familias la pregunta molesta sigue sin respuesta durante años: "¿Realmente hemos instruido a nuestro hijo como debíamos?".

Por muy angustioso que pueda ser este dilema, estos padres están mucho mejor que quienes deliberadamente evitan sus responsabilidades ya sea abandonando a sus familias completamente, o preocupándose tanto por otros intereses que la instrucción de los hijos es descuidada. La ausencia de la instrucción y del ejemplo del padre deja un vacío que puede tardar años de experiencia en llenarse y muchos errores.

Desde el punto de vista del Señor, el único hombre que puede contar con ver a sus hijos adultos andando en los caminos del Señor es el hombre que intenta seguir la amonestación de Proverbios 22:6: *instruye* a sus hijos en el camino correcto mientras son jóvenes. Este hombre de Dios mantiene una comunión íntima con el Padre, confiado en que el Señor le mostrará la mejor forma de instruir, disciplinar y alentar a sus hijos.

Un significado obvio de este proverbio es que los hijos continuarán aferrándose en su vida de adultos a los patrones de pensamiento y conducta que desarrollaron cuando eran niños. Pero la verdad es más profunda que eso: tenemos una promesa de que la Palabra de Dios plantada en el corazón de un hijo seguirá dando fruto y obrando poderosamente incluso cuando la persona adulta sea libre para tomar sus propias decisiones: seguirá convenciendo a la persona y le acercará al Padre. El versículo sugiere la fidelidad de Dios a su Palabra y misericordia con su pueblo (Is. 55:10-11).

Los papás tienen tendencia a pensar: *Mis hijos no son tan malos.* Quizá no lo sean, pero ¿qué hay escondido en su mente y en sus recuerdos? ¿Cuáles son sus secretos? ¿Te agradarán sus acciones cuando crezcan y tengan más libertad? ¿Y agradarán a Dios? No podemos hacer nada cuando nuestros hijos se han ido de casa, pero podemos impartir esa instrucción mientras están en casa y anticipar que Dios cumplirá su promesa en sus años adultos.

Algunos padres protestan, diciendo: "No me lo creo. A mis hijos se les enseñó lo que está bien en un hogar cristiano, y míralos ahora. Ese versículo no puede ser cierto". De hecho, un domingo después de predicar un sermón acerca del hogar, un músico que había participado en ese servicio se acercó para hablar conmigo. Dijo que había provisto lo necesario para su familia y los había criado en la iglesia, pero su hija de veinte años le estaba causando muchos problemas y desgracia a toda la familia. Afirmaba creer la Biblia, pero añadió: "No creo que ese versículo sea necesariamente cierto".

Le respondí que Proverbios 22:6 es cierto o ninguna parte de la Biblia es cierta y fiable. El problema no está en la promesa de Dios sino en nuestra instrucción. Solo porque los hijos vivan en un hogar donde los padres son salvos, donde se proporcionan las cosas esenciales de la vida, donde los miembros dan dinero a la iglesia, oran en las comidas y leen la Biblia de vez en cuando, no significa que estén recibiendo una instrucción cristiana.

INSTRUIR, NO DECIR

Cuando ahondamos en los problemas con los que un padre se puede encontrar en su hogar, a menudo se vuelve evidente que es necesaria la instrucción. Incluso la atmósfera de la casa puede obstaculizar el crecimiento en vez de alimentarlo. Así que antes de renunciar a la promesa de Proverbios 22:6, veamos lo que conlleva instruir a un hijo. Quiero desafiarte con las siguientes doce posibilidades positivas para guiar a los hijos "en su camino".

Fe

El primer paso conlleva tu propia *fe* en las promesas de Dios. ¿Eres un hombre que cree que el Señor existe y que recompensa a los que le buscan fervientemente (He. 11:6)?

Hemos visto a lo largo de la historia que Dios es veraz a su Palabra. De hecho, Josué 23:14 proclama: "que no ha faltado una palabra de todas las buenas palabras que Jehová vuestro Dios había dicho de vosotros; todas os han acontecido, no ha faltado ninguna de ellas". Por eso podemos confiar en que Proverbios 22:6, como parte de su Palabra inspirada, del mismo modo se cumplirá. Cuando nosotros, lo mejor que podemos según la capacidad que Dios nos ha dado, intentamos instruir a nuestros hijos adecuadamente, podemos tener la certeza de que el Padre también va a hacer su parte.

Veamos la promesa al contrario: si instruyes *mal* a un niño en su camino, ¿qué ocurrirá? Un padre que es duro, incoherente y egoísta en casa, aunque lleve su Biblia a la iglesia y tenga un cargo en la iglesia, producirá hijos resentidos y rebeldes. Mediante su mala conducta ha instruido hijos injustos. La única liberación para estos niños es la gracia de Dios y la obra del Espíritu Santo mediante la influencia de la fidelidad de otro cristiano.

Con frecuencia he oído a pastores contar historias tristes acerca de sus hijos y luego añadir: "… a pesar de todo lo que les he enseñado". Quizá no se dan cuenta de que decir y enseñar son dos cosas distintas, y un pastor ocupado puede olvidar fácilmente que la instrucción lleva tiempo y un esfuerzo intensivo. El no enseñar buenas cosas tiene consecuencias tan lastimosas como enseñar cosas malas.

Ejemplo cristiano

Segundo, un padre debe ser un *ejemplo cristiano* para sus hijos. ¿Quieres que tu hijo viva según tus palabras y acciones? Ambas cosas conforman tu ejemplo. Muchos padres dicen: "Esto es lo que quiero que hagas", y el hijo responde: "Pero, papá, tú no lo has hecho así". Alguien dijo: "Un niño hace lo que su padre le dice hasta que tiene quince años, y después hace lo que su padre hace".

Todos hemos estado instruyendo a nuestros hijos positiva o negativamente desde la primera vez que los cargamos en nuestros brazos. Les instruimos mediante lo que hacíamos, cómo lo hacíamos y lo que decíamos. Tú y tu esposa son las influencias más fuertes en la vida de sus hijos a menos que abandonen su responsabilidad y permitan que otra persona ocupe ese papel.

Alguien le preguntó a un niñito si era cristiano. Dijo: "No, no lo soy. Mi papá no lo es, y yo soy como él". Esa es la respuesta sincera de un niño a una pregunta muy seria. Tristemente, nuestra influencia negativa se asimila con más rapidez que nuestra guía positiva. Los niños y las niñas serán como sus papás y sus mamás. Todo lo que queramos que sean nuestros hijos, ellos deben verlo y oírlo de nosotros.

Aprendí esto por las malas un domingo por la noche mientras nuestro hijo nos llevaba a la iglesia. Íbamos bastante rápido, así que mencioné que la aguja del velocímetro había sobrepasado el límite de velocidad. "Bueno", me respondió con calma, "íbamos un poquito tarde, y me he dado cuenta de que cuando tú tienes prisa normalmente conduces un poco más rápido". Le había enseñado una mala lección sin darme cuenta.

Así que piensa: ¿Cómo estás usando tu influencia? ¿Estás honrando al Señor mediante tus palabras y tus acciones? ¿O has sido flojo en tu responsabilidad, esperando que tu hijo de algún modo lo haga bien?

Si quieres que tus hijos oren, enséñales a orar mediante la instrucción y el ejemplo. Si quieres que lean la Biblia, debes tú mismo leerla regularmente con ellos y vivir abiertamente según ella, para que puedan ver tus decisiones y el fruto de tu obediencia al Padre. Si quieres que sean amables, buenos y considerados, tú mismo debes ser amable, bueno y considerado.

Los niños tienen sus antenas desplegadas continuamente; se debe al deseo innato de un niño de ganarse la aprobación de sus padres. Él piensa: *Si mi padre lo hace, debe de gustarle. Si yo lo hago, le gustaré, y tendré su aprobación.* Por tanto, él copia a sus padres en sus primeros años. Todo lo que ve es una lección en esta temprana edad. Esto continúa en menor grado en años posteriores.

Enseñanza

Tercero, el hombre, como padre, debe *educar*. En Deuteronomio 6:7, Dios dijo a la nación de Israel que enseñase sus preceptos y principios a sus hijos por la mañana al despertarse, durante el día mientras realizaban sus actividades cotidianas, y por la noche cuando se sentaran a la mesa a cenar. ¿Podrías nombrar un principio que hayas enseñado deliberadamente y con determinación a tu hijo o hija en los últimos treinta días? ¿Cuándo intentaste de manera consciente enseñarles un principio acerca de la vida, ya fuera espiritual o pragmático? Somos los maestros principales que Dios les ha dado a nuestros hijos, y hay algunas verdades y principios básicos que tenemos que enseñar oralmente y de manera sistemática. Como dije antes, si no les enseñamos intencionalmente buenos principios, ellos aprenderán de nuestro mal comportamiento, del negativo. O peor, serán influenciados por los tres adversarios que siempre están intentando separarles del Padre: la carne, el mundo y el enemigo.

La enseñanza tiene que estar relacionada primero con las cosas espirituales. ¿Les has enseñado a tus hijos que Jesús les ama y quiere tener una relación con ellos? ¿Has dedicado tiempo a explicarles el camino de salvación? ¿O has dejado eso a mamá, al predicador o al maestro de la escuela dominical? Tú eres el responsable de enseñar a tus hijos a conocer al Señor y caminar con Él. Ellos confían en ti. No puedes entregarle nunca esa responsabilidad a nadie más.

La salvación es tan solo el comienzo, por supuesto. Ellos tendrán que aprender a vivir la vida cristiana y a aplicar los principios espirituales que llegan con cada paso significativo de su crecimiento. Tenemos que educar en asuntos pragmáticos: cómo manejar el dinero, por ejemplo. Aunque tú mismo no domines el tema aún, sabes mucho más que tus hijos por la sola experiencia, y puedes ahorrarles costosos errores en esta área tan importante. Del mismo modo, enseña a tus hijos sobre el sexo a una temprana edad. Ellos tienen que saber que es para producir hijos y también para el placer, pero que es una experiencia sagrada y privada entre personas casadas. No dejes que sus jóvenes amigos les den una información distorsionada de esta parte vital de la vida.

Me doy cuenta de que tu propio padre quizá no te enseñó estos principios. Quizá los hayas aprendido por ti mismo o mediante un buen mentor. Quizá, en lo más hondo, no te sientas capaz y te preguntas si tu participación en el desarrollo espiritual de tus hijos no les hará más mal que bien. Pero eres responsable de tus hijos, y puedes confiar en que Dios puede hacer de ti un buen ejemplo para ellos.

Si no eres tú, ¿quién les enseñará acerca de amabilidad y bondad, educación y buenos modales? Su madre les enseñará mucho, por supuesto, pero nuestros hijos también necesitan un ejemplo vivo de cómo un hombre debe tratar a una mujer con dignidad y respeto. Del mismo modo, tienen que ver cómo honramos a Dios al ayudar a los necesitados, y deberían observar de primera mano cómo estudiamos la Biblia. Vernos practicar principios como "trabajar antes que jugar", implementar consejos para concentrarse y tomar notas para ayudar a nuestra memoria son cosas muy valiosas. No podemos suponer que las escuelas o nuestras iglesias están enseñando estas cosas.

Al ver las cosas tan terribles que están ocurriendo en nuestra sociedad, tiemblo al pensar en los valores que la cultura está formando en los niños. Desde las peligrosas escenas de los famosos a los escándalos políticos, la gente de los medios de comunicación influencia las vidas de nuestros hijos de formas poderosas que a menudo no son ejemplos ni buenos ni positivos. ¿Estás dispuesto a dejar estas lecciones clave a otros? Por eso es totalmente imperativo que instruyamos a nuestros hijos en la verdad y les protejamos enseñándoles cómo seguir a Dios por sí mismos mediante la oración y el estudio bíblico.

Disciplinar a mi hijo y a mi hija me dio algunas de las experiencias más emocionantes de mi vida. Durante mucho tiempo había estado disciplinando a otros; después me vino la idea: *¿Por qué no disciplinar a mis hijos, quienes no solo me aman sino que ven como un privilegio tenerme al completo para ellos?* ¡Qué satisfactoria ha sido esta profunda relación para los tres!

Amor

La cuarta necesidad de instrucción es el amor. El amor es una consideración activa y desinteresada de las necesidades de otros. Nuestros hijos están hambrientos de alguien que les ame incondicionalmente. Cuando un niño crece sin el amor de un padre, se empieza a producir en él un sentimiento de inseguridad. Él o ella puede volverse hostil, alguien difícil con quien vivir y a menudo un detrimento para la sociedad.

El amor dice: "Estoy dispuesto a aceptar a una persona aunque pueda rechazar sus actitudes, hábitos y estilo de vida". Cuando pregunto a personas jóvenes: "¿Cuál es la principal cualidad que quieres que tu papá te exprese más que ninguna otra?", me dicen: "Quiero que me entienda". No podemos entender del todo a un niño de ocho, doce o dieciséis años, pero un niño quiere saber que papá está *intentando* entenderle y aceptarle con amor, quizá a la vez que no aprueba alguna de sus acciones o decisiones.

Tristemente, muchos padres cometen trágicos errores al no distinguir entre la persona y lo que esta hace. Se frustran tanto con la mala conducta y las decisiones de su hijo, que abandonan. Sienten que no pueden "arreglar" el problema, así que rechazan al joven, esperando que de algún modo eso haga que su hijo o su hija se arrepienta.

Sin embargo, esta no es la estrategia que encontramos en la Palabra de Dios. El amor *ágape*, ese amor incondicional y desinteresado mencionado en las Escrituras, alcanza y acepta a la persona tal como es, no por lo que hace o por su aspecto. Un padre aprecia las dificultades y problemas de su hijo o de su hija, sus frustraciones y vaivenes, y todo lo demás que venga porque, independientemente de lo que ocurra, entiende que su hijo ha sido creado por Dios a su propia imagen.

Un día en la playa, mi familia estaba teniendo un tiempo de oración después del desayuno, y mi hija me dio una gran idea. Estábamos hablando acerca de las cualidades de un padre y de las actitudes de los hijos hacia sus padres, y dijo: "Algo que he aprendido es que en esta edad [catorce] me doy cuenta de que debo aceptarte como persona, no solo como mi padre". Imagínate esto: ella me vio como algo más que un padre, como una persona con sentimientos y actitudes tan especiales para mí como lo son las suyas para ella. Luego continuó: "Cuando miro hacia atrás y veo algunas cosas que he hecho y dicho, pienso para mi propia vergüenza: ¿eso lo hice yo?". Entenderme a mí le estaba ayudando a entenderse a sí misma.

Necesitamos mirar ambos lados de nuestros desacuerdos: el de los padres y el de los hijos. Los hijos no son "solo nuestros hijos". Tienen una individualidad que debemos respetar y mejorar.

¿Cuándo fue la última vez que le dijiste a tu hijo que le querías? Conozco a padres que son demasiado duros para decir: "Te quiero". A estos padres también les cuesta trabajo decirle a su esposa que la ama. Se supone que ella debe de saberlo, porque "me casé contigo, ¿no?".

Para ser un niño saludable y un adulto eficaz, el amor es esencial. Algunos adultos no se pueden llevar bien con otras personas porque se criaron en hogares donde no les cuidaban y nunca aprendieron a amar.

Una persona que batallaba con esto me dijo: "Nunca vi a mis padres darse un beso. Nunca aprendí a expresar amor".

¿Te das cuenta de que Dios te acepta totalmente? La Biblia dice que eres aceptado en Cristo, el Amado (Ef. 1:6), no por tu bondad, sino por su gracia (Ef. 2:8-9). De hecho, por eso debemos recibir a otros. Romanos 15:7 advierte: "Por tanto, recibíos los unos a los otros, como también Cristo nos recibió, para gloria de Dios". El Espíritu Santo derrama el mismo amor de Cristo en el corazón del creyente para darlo a otros, nuestros hijos incluidos.

Disciplina

Lo quinto que un padre debe hacer es *disciplinar*. Se le indica: "No rehúses corregir al muchacho" (Pr. 23:13). Una disciplina adecuada es tanto saludable como esencial para los hijos.

Sin embargo, hay cuatro errores que evitar al corregir a los hijos. Primero, no esperes la perfección. Como padres, podemos apuntar a la perfección, pero raras veces la alcanzamos. Cuando tu norma demanda que tus hijos saquen las mejores calificaciones, quizá dañes a tus hijos emocionalmente aunque les vaya bien académicamente. El perfeccionismo obligado fomenta rencor, y eso está muy lejos de la perfección interior.

Un estudiante de secundaria muy bien parecido, un estudiante normal pero un atleta extraordinario, se quebrantó al derramar su corazón ante mí: "Nunca logro agradar a mi padre. No importa lo que haga, él quiere saber por qué no lo hice mejor. Estoy enterrado bajo sus expectativas. No solo quiere que tenga éxito, sino que sea superior. No estoy interesado en ser superior, tan solo quiero ser yo". Escuché una profunda amargura en su acusación: "Sin duda alguna, ¡él mismo no es ningún ejemplo de éxito!". La mano dura de disciplina de este padre estaba aplastando el espíritu del hijo y destruyendo su iniciativa. Debemos ser conscientes del error egoísta de intentar lograr nuestras ambiciones personales a través de nuestros hijos.

Un segundo error es coaccionar en exceso. Por ejemplo, imagínate que tu hijo se levanta por la mañana y le dices: "Ponte esos zapatos. Con esos calcetines. Lávate los dientes. ¿Te limpiaste los oídos? ¿Te lavaste la cara? Baja a desayunar. Siéntate. Levántate. Asegúrate de cepillarte los dientes antes de ir a la escuela. ¿Te has peinado bien? ¿Llevas tu almuerzo? Asegúrate de estar en la parada cuando llegue el autobús. Regresa a casa a tu hora. Cuando llegues a casa, saca la basura. El césped debe estar…". Etcétera. ¿Qué ocurriría? Tu hijo viviría en un estado de ansiedad y con sentimientos constantes de ineptitud. Cuando agobiamos constantemente a nuestros hijos con: "Haz esto, haz aquello", les robamos sus oportunidades de aprender a tomar decisiones por sí mismos. Esto lleva al hábito de dejarlo todo para después, se cierran porque tienen miedo a tomar decisiones. Como sistema de autodefensa, también desarrollan otros mecanismos destructivos para lidiar con esta barrera, como la resistencia a las figuras de autoridad.

Un hombre me llamó una vez porque estaba teniendo problemas en su trabajo al rehusar hacer lo que le habían pedido hacer. Mientras conversábamos, le pregunté si el dejar las cosas para después era algo que él hiciera, y admitió que sí. "Detesto que alguien me diga lo que tengo que hacer", me dijo. En su infancia y años de crecimiento alguien le había hecho menospreciar las órdenes, y aún no podía tratar este asunto de adulto. No cabe duda de que los padres no son los únicos a culpar de los problemas de su hijo, pero innecesariamente le endosaron una pesada desventaja laboral.

Un tercer mal uso de la corrección es una severidad excesiva en el castigo. Los hijos tienen un sentido innato de lo que está bien y mal, y normalmente saben cuándo se merecen disciplina. Pero una dureza desmedida en sus sentencias produce una auténtica rabia moral. Una violación continua de su sentido de la justicia fomentará insensibilidad y un espíritu incontrolado de venganza. Por eso muchos adultos arrollan en su camino por la sociedad en una represalia inconsciente contra sus padres y aplican sin querer el mismo duro castigo a sus propios hijos. Esta es también la razón de que haya hoy día tanto maltrato infantil. Esta perversión de la disciplina se trasmite de generación a generación, destruyendo familias y empeorando según avanza.

Una cuarta aberración en la disciplina es la retirada del amor. Cuando dices: "Si así es como vas a actuar, no esperes que te siga ayudando", estás cortando lazos emocionales aunque esa amenaza nunca la lleves a cabo. Nadie puede seguir siendo fuerte después de experimentar el rechazo personal de un padre.

"Eres malo". "No vas a lograr nada". "¿Por qué no puedes ser como tu hermana?". Estos ataques personales son devastadores para nuestra autoimagen, y revelan una profunda falta de amor. Tales víctimas encuentran extremadamente difícil relacionarse con las personas sin importar lo amigables que puedan ser. He visto a niños de doce años con gruesos muros alrededor de su alma porque sus padres les han dañado mucho. El amor es una fuerza poderosa tanto en su presencia como en su ausencia. Disciplina siempre con amor.

Asignar trabajo

Sexto, *asigna trabajo* al instruir a tus hijos. Aunque tu hijo tenga cinco años, dale una tarea y recompénsale por terminarla. Hacer esto enseña a los hijos a ser administradores responsables que valoran lo que tienen. Cuando un hijo no hace su tarea, pierde su recompensa.

Nuestra sociedad libre fue construida sobre un sistema de justa compensación por el esfuerzo competente. Del mismo modo, las Escrituras nos enseñan: "El que labra su tierra se saciará de pan; mas el que sigue a los ociosos se llenará de pobreza" (Pr. 28:19); tenemos la promesa de recompensas por el fiel servicio. Algunos aspectos de nuestra sociedad promueven la expectativa de algo por nada, pero como cristianos debemos enseñar a nuestros hijos la realidad de que cosechamos lo que sembramos.

También debemos enseñar a nuestros hijos que aunque algunas tareas pueden reportarnos dinero o algún premio, ciertos tipos de trabajo deberían hacerse como una contribución a la familia y al servicio en el reino de Dios. Los hijos sin tareas y sin incentivo para trabajar encontrarán la transición al mundo laboral como un obstáculo tremendo.

Comunicación

El séptimo paso en tu campaña de entrenamiento debería ser *establecer comunicación*. Comunicación significa que tú y tus hijos se escuchan unos a otros, no solo lo que se dice sino también lo que se quiere decir. Esto es importante, porque las personas no pueden interactuar con los demás de manera eficaz a menos que se expresen claramente y escuchen con la intención de entender. La comunicación es mucho más que un mero intercambio de palabras.

Hay veces en que nuestros hijos simplemente tienen que expresar sus sentimientos. Aunque nuestro primer instinto pueda ser ayudarles a arreglar sus problemas o darles nuestra opinión, simplemente oírles comunicaría más interés amoroso para ellos que cualquier otra cosa que pudiéramos decir. Hacer esto ayuda a construir una fuerte base para la confianza y la disposición mutua.

Observa que Proverbios 22:6 dice: "Instruye al niño [no a los niños] en su camino [no en sus caminos]". No podemos, ni tampoco debemos, categorizar a los niños, porque cada uno es distinto. Cada niño se está desarrollando de manera única y a un ritmo distinto. ¿Alguna vez te has dado cuenta y has apreciado esto en tus propios hijos? Cada uno necesita que le respondas de una manera individual y particular. Es mucho más sencillo juntarles en un círculo y decirles lo mismo a todos, pero ellos recibirían mensajes distintos porque escuchan basándose en su propia perspectiva particular.

La comunicación implica que estamos dispuestos a descubrir dónde está cada niño emocional, espiritual y físicamente, y a ayudarle a avanzar en el plan de Dios para su vida. También significa que trabajamos para asegurarnos de que nuestros canales de comunicación estén siempre abiertos.

Autoestima

El octavo paso es *alentar la autoestima*. Cada persona necesita una buena imagen de sí mismo, no una que esté basada en un falso orgullo, sino una valía fundada en entender quiénes somos en Cristo (Ef. 2:10). Nada edifica más la autoestima en un niño que la aprobación, los halagos y el ánimo de un padre. Cuando un niño no está haciendo las cosas todo lo bien que tú quisieras, busca ese detalle que puedas alabar honestamente y haz sugerencias, no críticas, para que mejore. Esto es amor en acción.

A veces se nos olvida que nuestros hijos tienen sentimientos igual que nosotros. Desanimarles porque no han alcanzado nuestro nivel de madurez es desconsiderado e imprudente. Debemos conocer su nivel de competencia e intentar comprender la raíz de sus errores. Incluso cuando lo hacen mal deliberadamente, podemos edificarles en vez de desanimarles hablando de sus razones y motivos, y corregirles de una manera amorosa. Y por supuesto, siempre deberíamos recordar que cada persona es más importante que sus acciones.

Constantemente conozco a personas que carecen de autoestima, y casi en todos los casos descubro que nunca tuvieron la aprobación de sus padres. Aunque se esforzaban todo lo que podían, nunca era suficiente. Así que crecieron pensando: *¿Para qué intentarlo?* Si no valoras la iniciativa, creatividad y autoimagen de tu hijo y siempre le desanimas, espera que él te desanime cuando crezca. Sin embargo, si le amas y edificas, recordándole siempre quién es en Cristo, el fruto es asombroso.

Durante un chat por la noche hace varios años, compartí con Andy, que entonces era solo un adolescente, que estaba muy contento con su crecimiento espiritual. Él respondió: "Hasta donde consigo recordar, tú has estado diciéndome algo que ha influenciado mis decisiones". Estaba impaciente por saber qué era. Él continuó: «Cuando tenga un hijo, voy a decirle lo mismo que tú me sigues diciendo porque me ha animado y ayudado a resistir la tentación. Durante años me has dicho: "Andy, Dios te ama, y creo que Él tiene algo especial para ti"». Evidentemente, mi hijo estaba oyendo: "Tú eres alguien; eres querido; y tienes el potencial para influenciar la eternidad", y eso marcó la diferencia.

La parte más maravillosa es que cuando cumplí ochenta años, Andy de nuevo me recordó la influencia de este poderoso principio. Él lo había escrito como un compromiso en su diario, y sin duda había inculcado esta verdad en las vidas de sus hijos. Es una tremenda bendición poder decir que ha marcado una diferencia también para ellos, algo por lo cual estoy tremendamente agradecido al Padre.

Manejar la frustración

La siguiente lección es *manejar la frustración*. Por ejemplo, tu hijo no consigue aprobar un examen y llega a casa de la escuela con el fracaso escrito en su cara. Tú dices: "¡Otra vez no!", o: "Eso es duro, hijo, pero no vamos a rendirnos, ¿verdad?". Los comentarios negativos no hacen que un niño sea positivo. Mediante el ejemplo y el ánimo, los hijos tienen que descubrir que los problemas no tienen por qué llevar a la derrota permanente.

Un error frecuente que cometemos es ser despectivos con los problemas de nuestros hijos. Años de cambio y madurez nos han hecho olvidar que un problema con un novio o una novia puede ser un asunto muy doloroso para una persona joven. Papá se burla: "Amor adolescente. Te pondrás bien. Simplemente olvídalo". Pero imagínate que tú y tu esposa fueran a un consejero con sus problemas y él les dijera: "No se preocupen, lean la Biblia, oren y olvídenlo". No deberíamos nunca menospreciar los problemas, frustraciones y ansiedades de nuestros hijos viéndolos como algo trivial o que no merece la pena porque no nos parezcan tan importantes como los problemas que nosotros tenemos. Son muy reales y absolutamente cruciales para nuestros hijos.

En vez de ofrecer una solución rápida y simplista, tenemos que ayudar mostrando que nos preocupamos lo suficiente como para escuchar y compadecernos.

Intenta ponerte en su lugar y preguntarte: "¿Cómo habría querido que mi padre respondiera si yo hubiera hecho eso?". Nosotros los padres tenemos que practicar la regla de oro en casa: "Haz con tus hijos como te gustaría que ellos hicieran contigo". Entendiendo sus problemas y ayudándoles a superarlos enseñamos a nuestros hijos que les apoyamos, que nos interesamos por ellos y que podemos vencer independientemente de las frustraciones que estén afrontando.

El mundo adulto

Avanzando en la instrucción, *familiariza a tus hijos con los problemas que afrontan los adultos*. El mundo habitado por los adultos está lleno de complicaciones, maldad, disputas y peligro. En vez de proteger a tus hijos del conocimiento de las influencias dañinas y trampas que encontramos diariamente, debemos prepararles para tratar este mundo real, difícil y complejo en dosis manejables.

Por ejemplo, durante esta recesión económica, muchos hogares se están viendo ante problemas económicos devastadores. Si tu familia está experimentando actualmente problemas con el presupuesto, comparte con tus hijos lo que tu familia está viviendo. A ellos les encantará que seas sincero con ellos. Se sienten importantes cuando pueden compartir tu carga y hablar con el Padre celestial acerca de la necesidad que tienes. Familiarízales con el mundo que ahora te afecta a ti y que algún día quizá les afecte a ellos; por ejemplo, lo que significa tener un trabajo o tus responsabilidades como ciudadano. Y guíales de modo que sientan tu necesidad de Dios y de la oración.

Los niños se ven ante algunas decisiones que los padres no deberían tomar por ellos. Enséñales a una temprana edad a pedir al Señor su guía, y luego permanece junto a ellos durante el proceso de buscar la voluntad de Dios para sus vidas. Los hijos que reciben de sus padres respuestas ya formadas se desvían cuando de repente las tienen que tomar por sí solos. La sobreprotección inhibe la madurez de nuestros hijos.

Revisiones del progreso

Naturalmente, un entrenador-instructor hace *revisiones del progreso* de sus jugadores. Un presidente de una corporación usa todo tipo de gráficas para comprobar cómo avanzan sus operaciones. Con un diagrama aquí y un gráfico allá, puede decirte todo lo que está ocurriendo en su empresa. Pero probablemente se vaya a casa y piense someramente en el progreso de su hijo. ¿Cuánta puede ser nuestra despreocupación?

¿Cómo revisar la forma en que están madurando nuestros hijos? No mediante informes y datos, sino mediante una comunicación regular, preguntas sentidas y una aguda observación. No puedes tener un tanteador, pero puedes mantenerte en estrecho contacto con ellos.

Disfrutarlos

El último proyecto de instrucción que recomiendo puede que no parezca una tarea, pero lo es: *disfruta de tus hijos*. Eso parece más fácil de lo que realmente es porque identificamos la diversión y los juegos con el disfrute, pero hay mucho más involucrado en verdaderamente deleitarse en el modo de ser con que Dios creó a tus hijos.

Cuando solía preguntar a mis hijos: "¿Qué es lo que menos te gusta de mí?", ellos por lo general respondían: "Eres demasiado serio". Me di cuenta de que era demasiado serio porque me preocupaba por otras cosas, y tuve que disciplinarme a mí mismo para dejar esas preocupaciones antes de poder concentrarme en divertirme con mis hijos. Tus hijos merecen toda tu atención. Bríndasela.

Pero otro aspecto del disfrute es el aprecio, y no puedo apreciar del todo a mis hijos a menos que les conozca bien y respete su individualidad. Eso lleva tiempo y a veces requiere bastante paciencia. Pero bien vale la pena el esfuerzo.

Y con el tiempo, al demostrar a tus hijos que verdaderamente disfrutas de quienes son, tú también serás bendecido. ¿Por qué? Porque con el tiempo verás a tus hijos mostrar cada vez más admiración por ti y la sabiduría de tus valores.

INSTRUCTOR EN CASA

El presidente Theodore Roosevelt fue un hombre dedicado a su familia y también un concienzudo personaje ilustre. Él dijo:

> Lo primero para que un hombre sea un buen ciudadano es que posea las virtudes del hogar en las que pensamos cuando llamamos a un hombre por el enfático adjetivo de varonil. No puede ser un buen ciudadano ningún hombre que no sea un buen esposo y un buen padre, que no sea sincero con sus tratos con otros hombres y mujeres, fiel a sus amigos y valiente ante sus enemigos, que no tenga un buen corazón, una mente sobria y un cuerpo sano… Ningún amor y aprecio de la belleza del arte o la literatura, ninguna capacidad para conseguir prosperidad material puede compensar la falta de las grandes virtudes viriles.[1]

---

1. Theodore Roosevelt, "The Duties of American Citizenship" (discurso, 1883), http://www.pbs.org/wgbh/americanexperience/features/primary-resources/tr-citizen/.

Seis
AMOR VERDADERO

Creo que la palabra peor entendida en nuestro vocabulario es *amor*. La disputa en nuestra sociedad y nuestros hogares ilustra nuestra falta de entendimiento de esta importante palabra. La televisión, las revistas y la Internet dejan claro que los hombres han confundido su verdadero significado.

Vi esto con mucha claridad cuando una joven pareja acudió a mí solicitando consejería matrimonial. El novio pareció inquietarse cuando le pregunté: "¿Realmente amas a esta joven?".

Él respondió sin dudarlo un instante: "Claro que sí". Así que le pedí que me dijera por qué sentía que la quería. Él respondió: "Ella me aporta algo. Hace que me sienta como un hombre en su presencia. Ella es lo que he estado buscando. Creo que es muy atractiva. Sé que mis padres estarán muy orgullosos de mí por tener una mujer tan adorable por esposa…". Siguió en esos términos, sin mencionar ni una sola cosa que indicara su amor *por ella*, sino solo hablando de lo que ella hacía *por él*. Eso no es amor.

"Amor libre" y "conectar" son términos asociados con la participación en la actividad sexual sin que conlleve nada más. Pero el amor nunca es gratis. Todo el amor le cuesta algo a alguien. Tú solo te engañas a ti mismo si piensas que puedes recibir el amor que deseas sin involucrarte en el proceso. Lamentablemente, nuestra sociedad está tan harta que no sabe lo que es el verdadero amor. Las canciones de amor de hoy día hablan un lenguaje diferente al de los himnos de amor divino y las antiguas baladas que unían la devoción humana con el sacrificio.

La Biblia comunica el mensaje de verdadero amor desde Génesis hasta Apocalipsis. Este amor abarca tanto a Dios como a la humanidad, y reconoce las diferentes expresiones del amor.

En Efesios 5 Pablo habló acerca de la calidad, profundidad y valor del amor del hombre total por su familia. De manera muy directa instruyó: "Maridos, amad a vuestras mujeres, así como Cristo amó a la iglesia, y se entregó a sí mismo por ella" (Ef. 5:25). Entendemos lo que esto significa, pero las impactantes implicaciones provocan que la mayoría de los hombres se encojan de hombros y busquen algo más cercano a la esfera de la posibilidad. Sin embargo, veamos esta idea con más detenimiento antes de conformarnos con algo menos que lo mejor de Dios.

AMOR VERDADERO

Amor es esforzarse de manera incondicional, desinteresada, con una acción fuerte y sacrificial por hacer lo que es mejor para otra persona. Este es el concepto más puro de amor, el amor ágape de Dios por su creación especial: el hombre.

Parte de nuestra confusión en cuanto al significado de "amor" surge de nuestro uso de una misma palabra para muchos tipos de amor. Podemos amar un pasaje de las Escrituras, una canción, a un familiar, un deporte, una mascota, los bombones de chocolate o el éxito, y usar la misma palabra para todas ellas. Si hubiera diferentes palabras para todos los tipos de amor de los que hablamos, el diccionario sería considerablemente más complicado.

Según la Biblia, el amor es una acción profunda y significativa que Dios pretende usar como un factor de unidad en nuestras vidas. Por el amor nos unimos como uno solo en espíritu (Col. 3:14).

¿Les has explicado lo que es el amor verdadero e incondicional a tus hijos? Ellos hablan del amor, pero ¿conocen tu versión, la cual espero que sea la versión de Dios? ¿Sabes cómo decírselo? ¿Lo has modelado delante de ellos?

Cuando dices: "Cariño, te amo", ¿quieres decir "me gusta cómo te has vestido hoy" o posiblemente "hiciste un buen trabajo con tu tarea"? Sí, la palabra amor tiene diferentes significados.

AMOR FALSO

El hombre saludable, cuya alma no ha sido entumecida por las experiencias dañinas, sabe que hay una clara diferencia entre sexo y amor. El sexo debería incluir amor, pero a menudo no es así. Muchas canciones populares reflejan el amor como algo un poco mayor que un tipo de lujuria animal, por debajo de la dignidad de las personas creadas a imagen de Dios. Lejos de ser amor, el sexo ilícito es un pecado mediante el que un hombre "corrompe su alma" (Pr. 6:32).

Tanto las personas solteras como las parejas casadas están en peligro de expresar egoísmo, hostilidad y desprecio mediante el sexo. Esto se debe a que el mundo ha distorsionado su significado y propósito, ninguno de los cuales está en consonancia con el plan de Dios. El Señor creó el sexo para que fuera la forma de intimidad más profunda entre un esposo y una esposa comprometidos; por tanto, su perversión se convierte en la parodia más grande en contra del amor.

A una mujer le gustaría vivir toda su vida experimentando el amor romántico, porque Dios hizo a las mujeres para que fueran cuidadas, nutridas y queridas. Por eso es tan importante que un hombre mantenga el romance como parte de su matrimonio, ¡tu esposa lo necesita! Sexo, amor y romance no siempre son sinónimos, pero pueden serlo, y lo son en el caso del hombre completo.

El amor romántico se demuestra en pequeñas formas, mostrando atención y admiración. El esposo romántico se acuerda de lo que le gusta a su esposa, lo que le emociona y lo que le sorprende. Le recuerda a menudo que ella es la persona más especial de su vida, porque sabe que eso le da vigor a ella.

Alguien dijo una vez que en la infancia una mujer necesita amor y cuidado, en la adolescencia necesita diversión, a los veinte años necesita romance, a los treinta necesita admiración, a los cuarenta necesita compasión y a los cincuenta necesita dinero. No estoy de acuerdo. Creo que una mujer total y saludable necesita lo mismo a los cincuenta que necesitaba en su infancia: amor incondicional y tierno cuidado. Esto nunca cambia.

Una de las mejores descripciones del concepto romántico quedó expresado en esta canción:

Lánzame un beso por la habitación;
di que estoy guapa cuando no lo estoy.
Toca mi cabello cuando pases junto a mi silla:
las cosas pequeñas significan mucho.

Dame tu brazo al cruzar la calle;
llámame a las seis en punto.
Una línea al día cuando estás lejos;
las cosas pequeñas significan mucho...

Dame tu mano cuando me he perdido;
dame tu hombro sobre el que llorar.
Ya sea que el día esté soleado o gris,
dame tu corazón para en él confiar.

AMOR VERDADERO

Envíame el calor de una sonrisa secreta,
para demostrarme que no te has olvidado;
para siempre y siempre, ahora y eternamente,
las pequeñas cosas significan mucho.[1]

Si necesitas ayuda para discernir entre amor verdadero y la versión falsa y pervertida del mundo, hazte esta pregunta: ¿me ayudará a convertirme en la persona que Dios quiere que sea? Si la respuesta es no, entonces no es amor verdadero.

El hombre que entiende para lo que el Padre le creó, sabe cómo debería tratar a su esposa e hijos. Se da cuenta de que el verdadero amor es incondicional y viene del corazón. También reconoce que debe ayudar a los que quiere a convertirse en las personas que Dios quiere que sean.

Algunos hombres regalan perfume y diamantes para enamorar a una mujer; otros prueban con las cenas y el espectáculo. No hay nada de malo en dar regalos. Sin embargo, lo que una mujer verdaderamente anhela es un amor desinteresado de un hombre que es fiable y responsable, alguien que le cuida, protege y se acerca a ella. Su amor da sin pedir nada a cambio.

Cuando llegamos a la vida adulta, muchos hemos estado jugando en lugar de amar durante tanto tiempo que no nos damos cuenta de que hay un camino mejor.

JUEGOS DE AMOR

Uno de los juegos al que juega la gente es el de la *manipulación*. En esta farsa, uno de los cónyuges se confabula para salirse con la suya mientras finge que es todo por el bien del otro. Este tipo de juego daña a ambos participantes.

---

1. Edith Lindeman y Carl Stutz, "Little Things Mean a Lot", © 1954 Leo Feist, Inc. Usado con permiso.

Después está el *intercambio*: "Tú me das eso, y yo te daré esto a ti". A veces el juego se convierte en un chiste, pero tiene matices serios. El intercambio en el matrimonio sugiere que algo ilegítimo o que no merece la pena se intercambie, y ese tipo de intercambio a menudo conduce a ambos a enfocarse en ganar en vez de dar. Lo que comenzó como una prueba de humor se convierte en un concurso de hacer daño cuando cada cónyuge siente que él o ella no está obteniendo lo suficiente.

Un tercer juego es el *amor condicional.* "Sí, te amo, pero te amaba más cuando hacías la mayoría de las tareas de la casa". O: "¿Cómo puedo amar a un hijo que no hace nada de lo que le pido?". El amor variable de este tipo es más una apuesta que un juego, y el dado está contra ti. La mayoría conocimos el dolor derivado de este amor incondicional de niños, pero aprendimos a mantenernos alejados de él.

Leí acerca de un hombre que descubrió a los cuarenta años que había amado a su esposa y a sus hijos de una manera condicional. Incluso sus contactos sociales estaban condicionados en función a algo que deberían hacer por él. Dijo que como su amor hacia los demás estaba basado en condiciones, nunca se sentía digno del perdón de Dios, sentía que no se lo había ganado. Simplemente no podía aceptar la gracia inmerecida del Padre. Había crecido con unos padres que le daban todo siempre bajo alguna condición: si era bueno, les obedecía y nunca les avergonzaba, ellos le aceptaban.

El amor condicional separa en vez de unir. Las personas necesitan amarse unas a otras por quienes son, no por lo que hacen, lo que prometen o lo que dan. El amor incondicional dice: "Te amo porque *tú eres tú*. No es necesaria ninguna condición más".

Un tipo perverso de juego de amor es la *dependencia:* obligación. Cuando más lo vemos exhibido es cuando un padre reclama el primer lugar en la vida de uno de sus descendientes adultos, dominando su tiempo y rehusando permitirle su independencia. El desánimo, la pérdida de una herencia o incluso el suicidio pueden ser amenazas que estos padres usan para mantener rehenes a sus hijos o hijas y que no puedan vivir vidas normales.

¿Cómo te ama el Padre? Él no lo hace con ningún tipo de juego o astucia. Más bien, "porque de tal manera amó Dios al mundo, que ha dado a su Hijo unigénito, para que todo aquel que en él cree, no se pierda, mas tenga vida eterna" (Jn. 3:16). Su amor es incondicional, y "ni la muerte, ni la vida, ni ángeles, ni principados, ni potestades, ni lo presente, ni lo por venir, ni lo alto, ni lo profundo, ni ninguna otra cosa creada nos podrá separar del amor de Dios, que es en Cristo Jesús Señor nuestro" (Ro. 8:38-39).

El mismo amor puede fluir de cristianos a otras personas porque "el amor de Dios ha sido derramado en nuestros corazones por el Espíritu Santo que nos fue dado" (Ro. 5:5).

MENDIGOS DE AMOR

A algunas personas les cuesta mucho amar. La persona con una mala autoimagen quizá sienta que tiene muy poco amor para dar. Sin embargo, Jesús dijo: "Amarás a tu prójimo como a ti mismo" (Mt. 22:39), queriendo decir: "Cuida de tu prójimo como cuidas de ti mismo". Pero ¿qué hace una persona cuando se odia a sí misma y no le gusta cómo es como persona? Tiene un verdadero problema.

¿Te cuesta llegar emocionalmente a otros? En lo más profundo de ti, quieres decir: "Me gustaría decirte que te amo hoy", pero no lo dices. Puede que nos dé miedo expresar nuestro ser interior porque en el pasado fuimos heridos. Aprendemos a distanciarnos para evitar volver a sufrir.

Las personas más amorosas del mundo deberían ser los creyentes mostrando amor los unos hacia los otros (Jn. 13:35), pero a menudo estamos demasiado atormentados por el rechazo y los remordimientos del pasado como para hacerlo. Sin embargo, Dios nos libera para amar restaurando nuestra alma herida y permitiendo que su propio amor incondicional fluya a través de nosotros. ¿Estamos abiertos a esta sanidad?

Otra razón por la que a las personas les resulta difícil amar es porque lo que les motiva es destacar en el trabajo, el deporte u otro pasatiempo. Nuestro espíritu de competición nacional y autoconfianza impulsa a hombres ambiciosos hacia arriba con poca atención a asuntos secundarios.

A veces, un joven emocionalmente destrozado querrá demostrar su valía intentando lograr grandes metas. El éxito para este hombre hambriento de amor se mide por su acumulación de riqueza y honores visibles. Muestra afecto dando a otras personas regalos costosos, y se desconcierta cuando los receptores muestran solo un aprecio momentáneo. No se da cuenta de que su familia quiere su amor antes que cualquier otra cosa; sin embargo, alguien debe enseñarle a amar.

Muchas personas casadas están tan confundidas acerca de cómo amarse el uno al otro que se desesperan, y ven la separación y el divorcio como su única opción. Quizá sientan algún tipo de amor el uno por el otro, pero no es el amor edificante y piadoso que les vigorizaría. En cambio, solo han experimentado los agotadores y emocionales juegos de amor que continúan hiriéndoles, intercalados con momentos escasos e insatisfactorios de intimidad sexual. No es suficiente. Pero Dios tiene la solución.

Todos haríamos bien en examinar cuidadosamente y en oración nuestras relaciones de amor con los miembros de nuestra familia. ¿Estamos jugando a juegos de amor condicionales, de intercambio o manipuladores? ¿Cómo podemos comenzar a amar abiertamente, de la forma piadosa e incondicional en que el Padre nos ama, sin temor a que nos hagan daño? Necesitamos comenzar por donde estamos y sumergirnos cada vez más profundamente en el tipo de amor de Dios, el cual cubre multitud de fragilidades humanas.

RIVALES DEL AMOR

Oigo a personas quejarse de los rivales de su amor. Las esposas, por ejemplo, a menudo deben competir con los deportes. Una queja frecuente que oigo es que la esposa pasa las tardes de los domingos trabajando en las tareas de casa y el cuidando de los niños mientras su esposo ve algún partido. Y el domingo no es el único día. Por supuesto, esto es solo un síntoma, no el problema de fondo. Pero es algo específico que el esposo puede cambiar para demostrar que su esposa es más importante para él que el entretenimiento.

La televisión o la Internet también pueden ser los rivales de tu esposa. O quizá sea un pasatiempo que ocupa muchas de tus horas libres. Tu esposa no diría que esos pasatiempos son malos, pero le hacen daño si siente que consiguen captar tu atención más que ella misma.

Incluso los amigos se pueden convertir en rivales de tu esposa. Quizá un hombre expresa más amabilidad y les dedica más tiempo y atención a sus buenos amigos que a su esposa. Esto es profundamente doloroso para ella, y ningún esposo debería ocasionar conscientemente tales heridas.

¿Están algunos de estos rivales en tu casa? ¿Podría tu esposa preguntarse: "*¿De qué sirve? No soy rival para tus amigos, tus pasatiempos, tus programas, tu trabajo o para ninguna de las cosas que pareces amar más que a mí*"? Si sientes que eso podría ser una posibilidad, tu próximo paso está claro: debes deshacerte de los rivales de tu esposa y decirle cara a cara: "Lo siento si algunas de mis actividades te han dejado a un lado. Te amo. Tú eres más importante para mí que mi _____, y a partir de ahora tú eres lo primero". Pero prepárate para sostenerla, ¡puede que se desmaye! Y asegúrate de poder cumplir tu promesa; verás que no será tan difícil como pensabas.

AMOR COMO EL DE CRISTO

¿Te gustaría medir lo bien que lo estás haciendo con un amor real y puro? Primero, pídele a Dios que te hable al leer su Palabra, y expresa tu disposición a aceptar cualquier cosa que Él te muestre. Después lee 1 Corintios 13, y donde dice: "El amor es sufrido, es benigno", di "*Yo soy paciente, soy* benigno", etc. El Espíritu Santo te ayudará a discernir si tus frases son verdad o si no estás cumpliendo las normas de amor de Él. ¿Hay lugar para la mejora? No te desanimes, el Dios de amor es suficiente para ti.

¿Cómo amó Jesús a la Iglesia? Primero, se identificó con la Iglesia, dándonos el honor de llamarnos su cuerpo. Por eso Efesios 5:28-29 nos dice: "Así también los maridos deben amar a sus mujeres como a sus mismos cuerpos. El que ama a su mujer, a sí mismo se ama. Porque nadie aborreció jamás a su propia carne, sino que la sustenta y la cuida, como también Cristo a la iglesia". Un hombre que ama a su esposa se identifica alegremente con ella.

Segundo, el Señor Jesucristo suple todo lo que la Iglesia necesita para estar saludable y fuerte. De igual modo, el esposo debería proveer para su esposa, con la ayuda de Dios.

Tercero, el Señor Jesucristo defiende a su pueblo, así como un buen esposo debería proteger a su esposa.

Cuarto, Jesucristo se dio a sí mismo para suplir las necesidades espirituales de su esposa. De forma similar, un esposo fiel se da para suplir las profundas necesidades emocionales y espirituales de su esposa.

Si un hombre sabe cómo ser romántico con su esposa, amarla, animarla y capacitarla para que se convierta en la mujer que Dios quiere que sea, nadie se beneficia más que el propio marido. "Dad, y se os dará", prometió Jesús (Lc. 6:38). Cuando un hombre ama adecuadamente a su esposa, ella llega a ser más de lo que él jamás soñó que podría ser y mucho más de lo que él merece.

Por supuesto, la mayor expresión del amor incondicional de Cristo fue su muerte en la cruz por nosotros. Esto fue la personificación del amor desinteresado, generoso, ilimitado, incomparable, sin medida y sacrificial. Y así es como Jesús te llama a amar a tu esposa. ¿Imposible? Debemos recordar las palabras de Jesús mismo: "Para los hombres esto es imposible; mas para Dios todo es posible" (Mt. 19:26).

Un hombre se convierte en este tipo de amante primero enamorándose de Jesucristo, la fuente del verdadero amor (1 Jn. 4:7). Muchos cristianos han sido limpiados de sus pecados mediante la fe en Cristo pero aún no saben cómo vivir en una comunión amorosa y profunda con su Salvador. Por eso, nunca han experimentado el poder transformador de la intimidad con Él.

¿Necesitas entregar tu vida por completo a Cristo para ser lleno de su amor? Si es así, simplemente haz esta oración:

Señor Jesús: quiero amar a mi esposa con mi mente, corazón y cuerpo, para poder ser el líder y el amante que ella necesita. Padre, deseo ayudarle a alcanzar todo su potencial, a descubrir todo lo que Tú creaste para que ella fuera. Pero, Señor, no puedo hacerlo sin tu sanidad, guía y poder. Ofrezco mi cuerpo primero a ti en sacrificio vivo, para poder caminar en tu perfecta voluntad para mi vida. Gracias por amarnos y por enseñarme a amarla como Tú amas a la Iglesia. Amén.

Siete
EL HOMBRE SINCERO

¿Has oído hablar acerca del buen esposo que limpiaba la casa todos los sábados por la mañana mientras su esposa dormía? Durante diez años ejerció su labor de amor y nunca mencionó su desinteresado servicio. Imagínate la consternación de este esposo cuando su esposa finalmente explotó: "Si crees que soy una ama de casa tan mala, ¡por qué no limpias la casa todos los días!".

La historia es ficticia, pero puede que no esté muy lejos de algunas situaciones de la vida real. Ilustra la importancia de la buena comunicación entre esposo y esposa. Las industrias gastan millones de dólares al año para ayudar a sus empleados a trasmitir información con más eficacia, pero se hace poco para aliviar los problemas de la mala comunicación en el hogar. Esto crea unas dificultades terribles. De hecho, un grupo de psicólogos con los que hablé rastreó las incompatibilidades en muchas áreas de la vida del hogar hasta una simple pero devastadora falta de comunicación.

Hablar y escuchar con entendimiento es la definición más sencilla de comunicación. Escuchar no es algo pasivo. Es una atención concentrada con los oídos, la mente y el corazón, con el objetivo de comprender qué está diciendo la otra persona. Encuentro útil regresar a Génesis para obtener una clara imagen de cómo era la comunicación que el Padre creó.

El principal propósito de Dios para crear a la humanidad fue el compañerismo. De hecho, el primer problema que el Señor resolvió en el mundo que Él creó fue la soledad. Génesis 2:18 nos dice: "Y dijo Jehová Dios: No es bueno que el hombre esté solo; le haré ayuda idónea para él". Le dio entonces a Adán una esposa para suplir la necesidad de compañía humana constante. Para cumplir este propósito en el matrimonio, la comunicación era un factor totalmente esencial. Para que Adán y Eva pudieran tener una comunión real y significativa, tenían que poder expresar sus sentimientos más hondos el uno al otro. Cualquier ruptura de esa comunicación afectaría al flujo de la vida.

EL PODER DE LAS PALABRAS

A través de las Escrituras se nos recuerda el poder de las palabras. En Proverbios 18:21 leemos: "La muerte y la vida están en poder de la lengua". Nuestras palabras pueden animar a la gente o desanimarla en formas como muy pocas otras cosas pueden hacerlo.

Por eso el apóstol Pablo enseñó a los creyentes: "Ninguna palabra corrompida salga de vuestra boca, sino la que sea buena para la necesaria edificación, a fin de dar gracia a los oyentes" (Ef. 4:29). Debido a su tremendo poder, las palabras tienen la capacidad de moldearnos para convertirnos en las personas que llegamos a ser, pues todos somos el producto de las cosas que personas nos han dicho a lo largo de nuestra vida. Así que es inmensamente importante que cuidemos lo que decimos y nos aseguremos de que lo que estemos comunicando edifique a nuestros oyentes y no los destruya.

Esto es especialmente cierto para aquellos que están más cerca de nosotros. Job se quejó con sus amigos: "¿Hasta cuándo angustiaréis mi alma, y me moleréis con palabras?" (Job 19:2). Me pregunto cuántos esposos y esposas se han sentido así. Sabiendo que "ningún hombre puede domar la lengua, que es un mal que no puede ser refrenado, llena de veneno mortal" (Stg. 3:8), tenemos que examinar varias cosas.

Primero, ¿a qué profundidad vamos? En las relaciones personales, es importante comunicar lo que sentimos: nuestras reacciones personales a las situaciones que afrontamos. Alguien ha dicho que la comunicación entre esposo y esposa es una exploración de la profundidad de los sentimientos del otro, una experiencia y aventura en las emociones del otro. Tristemente, la mayoría de las interacciones ocurren a un nivel superficial, sin alcanzar nunca las profundidades de compartir honestamente lo que Dios quería. Reaccionamos soltando por la boca las primeras palabras, las más superficiales que encontramos en vez de detenernos, considerando la raíz de nuestras emociones intensas y analizando por qué estamos sintiéndonos así. A veces nos da miedo exponer lo que nos molesta, no nos gusta admitir que sentimos falta de respeto o que nuestra hombría se ha minado. Así que cubrimos nuestros verdaderos sentimientos con palabras simplistas, mientras el problema subyacente permanece oculto, filtrándose solo a través de nuestras miradas, gestos y postura. Los sentimientos no se pueden reprimir por completo.

Veamos la conversación entre Eva y Satanás en el huerto del Edén. El diablo dijo: "Eso no es lo que dijo Dios o, si lo dijo, realmente no se refería a eso. No entendiste bien las palabras que Dios te habló" (Gn. 3:4-5, paráfrasis del autor). La forma en que Satanás torció el mensaje del Señor jugó un papel crítico en la caída del hombre y la relación rota con el Padre.

MÁS QUE PALABRAS

Vi una viñeta que decía: "Sé que crees que entiendes lo que crees que dije, pero no estoy seguro de que sepas que lo que entendiste no es lo que yo quise decir". Eso suena como si ambas partes estuvieran confundidas. Cuando hablas con alguien, piensa en la eficacia de lo que has dicho considerando:

- Lo que crees que estás diciendo.

- Lo que querías decir.

- Lo que realmente dijiste.

- Lo que la otra persona escuchó.

- Lo que la otra persona dice de lo que comunicaste.

- Lo que crees que la otra persona dijo de lo que tú expresaste.

Cuando le digas algo a tu esposa, quizá pienses que lo escuchó, pero su mente estaba percatando algo más que tus palabras. A veces decimos cosas de manera informal y esperamos que el oyente entienda exactamente lo que queremos decir. Damos por hecho que lo que dijimos, lo que quisimos decir y lo que sentimos se entendió. Para ser franco, ¡a veces sería necesario un milagro para que eso fuera cierto! El receptor del mensaje pudo entender una cosa por nuestra mirada, otra por nuestros gestos y otra por nuestra boca. Cuando la transmisión de la información que estamos intentando expresar no es coherente en todas sus formas, se produce la confusión o el malentendido.

Cuando piensas en algunos de los malentendidos que has tenido con personas que has conocido durante muchos años, te das cuenta de lo difícil que son las buenas comunicaciones. No cabe duda de que puedes recordar más de un ejemplo solo de esta semana.

Como un experimento, dale unas cuantas instrucciones sencillas a tu familia, y luego pídeles que te lo repitan en voz baja de una en una. Gran parte del "playback" será impreciso.

A menudo, la razón de nuestros malentendidos es que filtramos la conversación a través de nuestros propios sentimientos y perspectivas, lo cual resulta en un significado muy distinto del original. A veces no oímos lo que se dijo porque estábamos ocupados preparando nuestra refutación al mensaje entrante.

Por eso dos personas que se unen para el resto de sus vidas tienen que lograr que la clara comunicación sea una prioridad y deben trabajar diligentemente para lograrlo. Recomiendo practicarlo diariamente y mucha paciencia. Adquirir estas importantes habilidades verbales lleva trabajo pero merece la pena totalmente.

EXPRESAR SENTIMIENTOS

A veces nuestro problema es la incapacidad de poner nuestros sentimientos en palabras. Una persona dice: "Sé cómo me siento, pero no sé cómo expresarlo". Por eso, muchos cónyuges juegan al gato y el ratón. Huyen el uno del otro verbal y emocionalmente en vez de expresar lo que sienten lo más sinceramente que sepan. Desdichadamente, no poder comunicarse hace aumentar la distancia emocional entre el marido y la mujer.

Estoy convencido de que una causa destacada de la ruptura de matrimonios es la supresión de los verdaderos sentimientos a cargo de uno o de ambos cónyuges. Muchas parejas separadas nunca han aprendido a desarraigar, aceptar o expresar los sentimientos más profundos de su corazón. Debido al temor a herir a su pareja o a exponer sus propias debilidades personales, sumergen sus sentimientos hasta que una crisis los saca a la superficie. En ese momento, normalmente se produce una explosión de dolor, temor, ira y amargura acumulados, y hace pedazos algo más que las ilusiones. El *shock* repentino de estas emociones francas, sin filtrar y viscerales desquicia a cualquiera, aunque la raíz haya existido siempre.

CINCO CÍRCULOS DE COMUNICACIÓN

Veamos los cinco niveles o círculos en los que nos comunicamos. El círculo más externo de comunicación, donde nos sentimos más seguros, es el círculo de los clichés: "¿Cómo estás? Me alegro de verte. Se te ve muy bien. Espero que te mejores. ¿Cómo está tu familia?". Aunque esto comunica cierto interés en una persona, realmente no expresa mucho. Ni tú aprendes nada ni te sientes inspirado a sentir nada profundo.

El segundo círculo de comunicación es la repetición de hechos. "¿Te has enterado de esto?", o: "La noticia de hoy es muy triste". Expresa información públicamente conocida acerca de acontecimientos y puede tener un interés mutuo en ciertos temas como los deportes o la política.

El tercer círculo invita al oyente a acercarse, lo cual se evidencia en tu disposición a expresar tus propios juicios o ideas: "Su frase me inspiró mucho". "No voy a votar por eso".

Aún más profunda es la franca expresión de tus sentimientos: "Para ser sincero, cariño, me siento un tanto dolido". Este círculo conlleva confiar a otros tus emociones generales, permitiéndoles ver más de tu personalidad.

El círculo más interno de comunicación es el más alto y difícil de lograr porque desnuda el corazón totalmente sin motivos ocultos. Confiamos en el oyente de manera tan implícita que somos libres para pensar y sentir distinto a él o ella. Sabemos que podemos comunicar incluso las emociones más profundas sin temor a que haya una pérdida de respeto.

Muchos matrimonios nunca pasan del tercer círculo de comunicación: están dispuestos a hablar acerca de lugares, cosas e ideas pero evitan involucrarse personalmente. Se establece poco contacto de espíritu a espíritu.

A veces, los hombres pueden pasar por alto las necesidades de sus familias porque no saben realmente cómo oír lo que están diciendo sus seres queridos. En muchos casos, nuestras familias tampoco saben cómo comunicarse con nosotros.

A menudo lo único que oímos son hechos básicos. Por ejemplo, si tu esposa dice: "No me siento bien", quizá esté queriendo decir: "Cariño, abrázame fuerte". Si recibimos solo hechos y no prestamos atención a los sentimientos más íntimos que está intentando comunicarnos, a menudo no entenderemos el mensaje real. Un matrimonio fuerte está edificado sobre el conocimiento de sentimientos que sin duda alguna son hechos.

En los primeros años del teléfono, a veces se cruzaban las líneas, y la gente oía a alguien que no era la persona con la que quería hablar. Personas perfectamente inteligentes decían cosas sin sentido el uno al otro porque estaban teniendo dos conversaciones distintas. Surgían frustración, enojo y desesperación. Los efectos son similares en algunas comunicaciones entre marido y mujer, con la complicación añadida de no reconocer el problema o saber cómo resolverlo.

La mayoría de los hombres de manera instintiva se apartan de la emoción. Rápidamente perdemos nuestros puntos de apoyo cuando nos enfrentamos a un mar de lágrimas. No entendemos cómo se forman las tormentas emocionales en los pozos profundos de los corazones de nuestros seres queridos, y no tenemos ni idea de cómo calmarlas.

Las emociones transmiten un significado importante, a menudo inexpresable. Si el hombre de Dios que no es emotivo quiere vivir sabia y productivamente con su pareja, debe suplir sus necesidades más íntimas comprendiendo y ministrando a sus emociones. Las lágrimas, por lo general, son un llamado a la ternura, no a la charla. Significan que son necesarias discusión y entendimiento para resolver un problema. El hombre sabio ve las lágrimas como una oportunidad para él de abrir su corazón y acercarse a su esposa, que tan solo quiere que él la ame.

Aún recuerdo el día que me di cuenta, mientras repetía los votos matrimoniales a una pareja, de que no hay "si" en ellos. "Te tomo a ti por esposa, a partir de este día para amarte, en lo bueno y en lo malo, en la riqueza y en la pobreza, en la salud y en la enfermedad, hasta que la muerte nos separe". El matrimonio es un contrato, pero también una relación. Es una entrega emocional y voluntaria de uno al otro. ¿Has cumplido con el compromiso emocional que le hiciste a tu esposa?

OBSTÁCULOS PARA LA COMUNICACIÓN

Veamos cuatro cosas que pueden obstaculizar la comunicación con tu esposa.

Estar *muy ocupado* amenaza la buena comunicación. Cuando el ritmo de la vida se acelera, los aspectos más importantes de tu relación a menudo se quedan atrás. Frena y aparta tiempo para ella.

La *impaciencia* embrolla la comunicación, y la irritación emocional siempre echará a perder lo que estás intentando decir. Por tanto, la próxima vez que sientas que te estás exasperando en una situación tensa, respira hondo antes de hablar y medita si aquello por lo que estás enojado es realmente más importante que tu relación con tu esposa. Te prometo que dar un paso atrás te ahorrará muchos quebraderos de cabeza.

La comunicación necesita nuestros mejores esfuerzos, pero *preocuparse* de otras metas nos aleja de nuestro objetivo final. La gente alardea de su capacidad de hacer muchas tareas a la vez, pero las investigaciones revelan que la mayoría de nosotros solo podemos hacer bien una cosa a la vez. Asegúrate de dedicar un tiempo concentrado y sin distracciones a la comunicación con tu esposa.

La *insensibilidad* es un problema porque desvía la conversación, ignorando algunas de las pistas más sutiles que el comunicador está enviando. Por el contrario, un espíritu humilde y perceptivo es capaz de observar los matices de un mensaje y responder de una manera eficaz. Por ejemplo, el Espíritu Santo que mora en ti es un Comunicador supremo y muy sensible a tus necesidades. Romanos 8:26 nos dice: "el Espíritu nos ayuda en nuestra debilidad; pues qué hemos de pedir como conviene, no lo sabemos, pero el Espíritu mismo intercede por nosotros con gemidos indecibles". Él expresa el murmullo de tu espíritu al Padre celestial de la forma más edificante para ti y más aceptable para el Señor. Con su ayuda, puedes comunicar lo que sientes a tu esposa. Por tanto, ora para que Él sensibilice tu espíritu para con ella.

Los *temas "seguros"* pueden ser un obstáculo para ti. ¿Evitas subconscientemente áreas de conversación que han producido fuegos artificiales en el pasado? Estos temas se deben aclarar si quieren conocerse y cuidar el uno del otro en el nivel más íntimo.

Los *hijos*, aunque son maravillosos, con frecuencia son un impedimento para la comunicación. Cuando oigo a padres decir: "Nunca hemos dejado a nuestros hijos con una cuidadora", quiero decirles lo que se han perdido. Incluso cuando los niños son pequeños, deberías acostarles pronto para poder hablar con tu esposa a solas y aprender el uno del otro. Te sorprenderías de lo que encontrarías y de cómo hacer eso profundiza tu relación con tu esposa. Cada pareja debería salir regularmente para fortalecer su propia relación.

Una fuerte vena de *independencia* es un obstáculo para algunas parejas. Una joven que me habló acerca de casarse admitió que era orgullosamente independiente, lo cual veía como un problema. La independencia implica: "Solo te necesito para ciertas cosas; no intentes poseerme por completo". Esta reserva desequilibra seriamente el mutuo compartir de la vida que Dios quiere para el matrimonio. Dos siguen siendo dos en vez de convertirse en uno.

La *hipocresía* es otro obstáculo. Podemos llamarlo sofisticación, desapego o indiferencia, pero lo que realmente significa es que rehusamos dejar que aparezcan nuestros verdaderos sentimientos. Es posible que hayas evitado este moderno mecanismo de defensa, pero la mayoría caemos en aparentar ser mejores de lo que somos a veces. Esto se extiende fácilmente a la vida familiar, cubriendo nuestro verdadero yo y fingiendo ser algo que no somos por temor. Aunque puede que nuestras intenciones sean buenas, el efecto es enajenante. Para ser libres necesitamos ser totalmente sinceros.

Si no te has comunicado profundamente, quizá *temas* ser rechazado por tu pareja. Te preocupas al pensar: "¿Qué pensará ella de mí si le digo lo que realmente siento?". La Biblia dice: "el perfecto amor echa fuera el temor" (1 Jn. 4:18). Una buena relación no se puede desarrollar y madurar cuando una pareja tiene miedo a expresar lo que sienten. Si tú y tu esposa confían el uno en el otro, pueden hablar de sus metas, lo que más les agrada y lo que más daño les hace sin sentir ansiedad. Pueden continuar después lentamente para explorar nuevas profundidades, pero sigan avanzando. El gozo y la emoción en su relación ciertamente aumentarán a medida que se conocen con mayor profundidad de forma íntima.

AYUDAS PARA LA COMUNICACIÓN

Por fortuna, hay también ayudas para la buena comunicación. Estos pasos positivos pueden ayudar a mantener a raya los obstáculos.

Hablar claramente. Este es en parte un asunto mecánico de vocalización y en parte un asunto de dedicar tiempo a asegurarte de que se ha escuchado tu mensaje. Hablar con cuidado muestra respeto por la otra persona y toma en cuenta la perspectiva del oyente.

Busca amablemente la comprensión del oyente hasta que le llegue tu mensaje. Los hombres a veces queremos retirarnos cuando nuestra conversación se vuelve turbulenta. Pero ten por cierto que si continúas pacientemente y en actitud de oración en la comunicación, al final tus esfuerzos darán su recompensa. Esfuérzate por entender a tu esposa más que por intentar que ella te entienda a ti. Este esfuerzo extrovertido generará grandes dividendos cuando tu esposa responda desde su corazón.

Otra acción que ayuda es *planear tiempos juntos*: tiempo para orar, hablar y observar los intereses del otro. Las actividades compartidas pueden abrir nuevas perspectivas en tu esposa y producir un mayor aprecio por quien ella es.

Por ejemplo, pocas parejas descubren que orar juntos puede inspirar una cercanía profunda, intensa. Pero creo que el nivel más alto e íntimo de comunicación a menudo se produce cuando dos personas hablan juntas a Dios. Al aprender a expresar tus temores y deseos sinceramente al Señor, experimentarás una mayor identificación con las preocupaciones de tu cónyuge. A veces diremos cosas de nosotros mismos en oración que no diríamos con nuestros ojos abiertos. Durante la oración, tu cónyuge a menudo recibirá una nueva conciencia del gran amor que hay en tu corazón, tu humildad y tus aspiraciones espirituales. Esto es porque el divino amor del Padre siempre atrae a la pareja que ora más cerca de Él y más cerca el uno del otro.

Desarrollar uno o más intereses mutuos. Puede que esto requiera un sacrificio de las aficiones preferidas, pero la compañía resultante fortalecerá el sentimiento de unión y la conciencia de cómo suplir las necesidades el uno del otro. Comiencen con poco si es necesario, pero busquen algo que les guste a los dos y hagan de ello una parte permanente de sus vidas.

MADUREZ EMOCIONAL

Dios les dio, al marido y a la mujer, el uno al otro para que estuvieran más juntos de lo que podrían estar por sí solos. Sin embargo, no pueden completarse el uno al otro hasta que no aprendan a dar a conocer lo más íntimo de su ser y trabajar por el bien del otro. Las áreas personales que mantienen en privado, ante su cónyuge y ante el Padre, no tienen la oportunidad de crecer.

El matrimonio, el amor y la comunicación no pueden perseguirse dejando a un lado al Señor sin obstaculizarlos grandemente e incluso dañarlos. Puede que haya muchas áreas de tu vida que has marcado como "fuera de los límites" de Dios y de tu esposa. ¿Podría deberse al temor a la ineptitud o el rechazo, a una falta de perdón o amargura profundamente arraigada, o simplemente a una falta de respeto por ti mismo? Esto es veneno para el alma que el Señor y tu esposa pueden ayudar a disipar, si se lo permites.

Así, examínate por un instante; ¿eres lo suficientemente valiente para echar una mirada interior para ver lo que hay realmente? ¿Estás dispuesto a hablar a Dios y a tu esposa acerca de tu "yo" oculto?

Los hombres queremos ser masculinos, dar la impresión de ser fuertes, invulnerables y dignos de respeto y admiración. Sin embargo, la masculinidad conlleva tener emociones en el alma así como músculos en el cuerpo. Por tanto, para ser un hombre real y completo de Dios, debes estar dispuesto a exponer tus emociones, sanarlas, santificarlas y llevarlas a la plena madurez. Y debes permitir que el Padre desarrolle y fortalezca tu alma como solo Él puede hacerlo.

Si no has madurado en esta parte de tu ser, quizá el orgullo o el temor sean tus enemigos. Abre tu corazón a tu Creador y a tu compañera, y verás cómo se retira el enemigo. La plenitud del desarrollo emocional y las interrelaciones pueden ser tuyas.

Te reto a dar estos pasos hacia una comunicación profunda, primero de manera privada y luego con tu esposa. Porque, si lo haces, llegarás a conocer a la persona con la que te casaste hasta lo más profundo de su ser mientras aprenden juntos. Y no solo mejorará tu matrimonio; tu familia y tus relaciones con Dios y con otros también avanzarán hacia su pleno potencial mientras hablas y vives desde el corazón.

Ocho
UN HOMBRE DE JESÚS

La última frase de 1 Corintios 2:16 expresa un pensamiento increíble: "tenemos la mente de Cristo". En este pasaje, el apóstol Pablo explicó la actitud de su corazón y siguió hablando de la fuente de su sabiduría y conocimiento. Básicamente dijo: "A diferencia de los sabios de este mundo, nuestra sabiduría provino no de nuestras experiencias o de nuestro estudio sino del Espíritu del Dios viviente que mora en nosotros. A través del Espíritu Santo hemos recibido la mente del Señor".

¿Es eso posible? Nuestros amigos no cristianos piensan que somos muy humanos, y nosotros mismos somos muy conscientes de nuestras limitaciones. ¿Qué quiso decir Pablo cuando dijo que los cristianos "tenemos la mente de Cristo"?

Te he retado a abrir valientemente tu corazón a tu esposa y, si no puedes hacerlo, la razón quizá sea que no has abierto del todo tu corazón o tu espíritu a Dios. Lo más probable es que tu problema básico sea espiritual. Cada cristiano tiene "la mente" de Jesús porque Él vive dentro de nosotros. Tristemente, muchos creyentes no se han sometido del todo a Cristo, y por tanto no han experimentado la renovadora y transformadora obra de Dios (Ro. 12:1-2).

El hombre completo no es un hombre perfecto de ninguna manera. Más bien, es un hombre maduro, un hombre esforzado, un hombre estudioso, pero, por encima de todo, es un hombre que busca al Padre con todo su corazón, alma, mente y fuerzas. No ha llegado a su meta sino que está en camino de convertirse en el marido que su esposa anhela y el padre que sus hijos necesitan. Es un hombre que está en el viaje más emocionante de su vida. Está aprendiendo a ser un hombre equilibrado, centrado en Cristo: el hombre completo que Dios quería que fuese.

Quizá te preocupes diciendo: *No creo que pueda ser todas esas cosas para mi familia. No puedo llegar al nivel de amor del que estás hablando, por mucho que quiera. Y probablemente no soy capaz de llegar al nivel de comunicación tan profundo que sugieres, de entender a mi familia o de darles todo lo que necesitan.* Quizá te sientas avergonzado por no haber sido el padre o esposo que deberías ser.

Amigo, Dios no quiere que sientas vergüenza. Tan solo quiere que *reconozcas* que no estás experimentando todo lo que Él tiene para ti. Tu arrepentimiento y deseo de mejorar son importantes para el Padre. Él los usará para obrar en ti y hacer de ti todo lo que puedes ser.

Cuando comiences a perseguir la voluntad de Dios para ti como esposo y padre, tu familia probablemente se dará cuenta y orará por tu crecimiento espiritual. Puede que no sea inmediato. Pero finalmente tu esposa, sin duda, verá tus intentos de pensar en sus necesidades, y tus hijos dirán: "Creo que a papá le está pasando algo". Comenzarás a recibir ánimo de sus palabras y de los cambios que ves en sus vidas.

EL HOMBRE ESPIRITUAL

Todo lo que hemos considerado hasta ahora para convertirnos en un hombre completo gira alrededor de este principio básico: *el hombre completo es un hombre espiritual*. Por tanto, quiero darte algunas características importantes del hombre espiritual.

En 1 Corintios 2:14 Pablo dijo: "Pero el hombre natural no percibe las cosas que son del Espíritu de Dios, porque para él son locura, y no las puede entender, porque se han de discernir espiritualmente". Muchos de los temas que hemos tratado se encuentran en la buena psicología, pero los principios espirituales, más profundos, se encuentran en las Escrituras: verdades bíblicas que vienen del estudio de la interacción de Dios con su Creación. De ahí entendemos lo importante que es nuestra relación con el Padre; y cómo Él debe guiarnos si queremos tener relaciones exitosas con los demás.

El apóstol Pablo dijo que el "hombre natural" no puede comenzar a entender las verdades básicas de Dios. Pablo quería decir que el hombre que no ha nacido espiritualmente, mediante la fe en Cristo como Salvador, no puede comunicarse con el Padre ni entender las cosas que se deben explicar mediante el Espíritu Santo porque él simplemente no tiene capacidad para hacerlo. El conocimiento y la sabiduría de Dios son locura para él porque sobrepasan su capacidad de comprenderlos.

EL INICIO CORRECTO

Por eso dije antes que el primer paso para la verdadera hombría es el renacimiento espiritual: "Os es necesario nacer de nuevo" (Jn. 3:7). La necesidad más crucial de cada familia es un padre cuyo corazón esté habitado por Cristo.

¿Por qué?

Porque por naturaleza estás espiritualmente muerto, porque "vuestras iniquidades han hecho división entre vosotros y vuestro Dios" (Is. 59:2). No puedes reconocer cómo es la persona que Dios quería que fueras para tu familia, o incluso lo que tu familia necesita de ti, porque estás completamente cortado de su presencia por tus transgresiones y no puedes recibir su guía.

Por tanto, debes creer que Jesús fue a la cruz para morir por tus pecados y que su sacrificio fue suficiente para reconciliarte con el Padre. Cuando le dices a Jesús que su muerte en la cruz fue pago suficiente por tus pecados y le pides que entre en tu corazón y te perdone, te limpie y more en ti, Él entra en tu vida en ese momento, y tu salvación está garantizada mediante la presencia en tu interior del Espíritu Santo (Ef. 1:13-14).

El esposo es la cabeza de su hogar y, cuando Cristo entra en su corazón, está plenamente equipado para ser el líder espiritual de su familia. Tiene a Cristo morando en su interior para ayudarle a convertirse en el hombre completo que debe ser.

Amigo, si estás sin Cristo, estás privando a tu familia de aquello que necesita por encima de ninguna otra cosa: liderazgo espiritual. Sin embargo, si eres un hombre de Dios, el Señor puede hacer de ti todo lo que tu familia necesita: un hombre que tiene la sabiduría, la gracia y el poder de cuidar de ellos física, emocional y espiritualmente. No hay sustituto para un esposo y padre salvo.

LÍDER DEL LÍDER

La segunda necesidad para un hombre espiritual es permitir que Dios le guíe. Cada niño necesita un padre, y cada esposa necesita un esposo que obtenga sus indicaciones diarias del Señor. Cuando tu familia entiende que tú intentas vivir en el centro de la voluntad de Dios, y les animas a hacer lo mismo, tus decisiones no se verán desafiadas con tanto vigor ni tan a menudo. Permitir que el Señor te dirija hace aumentar la confianza de tu familia en ti como su líder espiritual, y observar tu dependencia del Padre les ayudará a depender también de Él. No hay mejor herencia que les puedas transmitir a tus hijos que enseñarles a buscar a Dios en todo y obedecerle a pesar de las consecuencias. Después de todo, "el temor de Jehová es el principio de la sabiduría, y el conocimiento del Santísimo es la inteligencia" (Pr. 9:10).

Los niños pueden comenzar a una temprana edad a hablar con el Señor acerca de lo que deberían hacer con sus vidas y acerca de su futura pareja matrimonial. Deberían formar el hábito de pedirle al Padre que les ayude mientras son jóvenes. También deberían aprender que las decisiones basadas en el razonamiento humano no son adecuadas para el éxito espiritual, que Dios debe dirigirles si desean verdaderamente tener una vida fructífera.

Cuando mis hijos eran pequeños, les decía: "Tenemos que esperar en el Señor", o: "Esperemos en eso y oremos juntos". Después les hacía un seguimiento preguntándoles: "¿Sientes que Dios te ha dicho algo o te ha mostrado cómo proceder?". A veces decían: "No le he oído decir nada". Yo no me reía ni me burlaba de ellos, como algunos padres se pueden ver tentados a hacer. Tan solo decía: "No pasa nada. Quizá no lo entiendas durante un tiempo, pero Dios está en el proceso de enseñarte. Si me sigues a mí como yo sigo al Señor, Dios puede transferir esa lección a través de mí a tu corazón".

Algunos de los momentos más preciosos en nuestro hogar fueron esos momentos en los que todos nos arrodillábamos juntos en oración, buscando la mente y la dirección del Padre. Siempre era emocionante ver quién recibía primero la guía clara que necesitábamos.

Papá: tú puedes darles a tus hijos todo, pero si no les das un padre que ha aceptado a Jesucristo como Salvador y que le permite dirigirle en sus decisiones, actitudes y acciones, nunca llegarás a ser del todo el hombre que Dios quiere que seas.

LA PAUSA QUE RESTAURA

El tercer elemento necesario para convertirse en un hombre espiritual es tener devocionales privados regulares. Podemos decir a nuestros hijos una y otra vez que lean la Biblia y oren, pero la manera más sencilla y eficaz de enseñarles este principio espiritual es con el ejemplo: dirigiendo un tiempo devocional con ellos. Un padre no puede dejarle esta tarea a su esposa. Quizá digas: "Yo viajo, y estoy poco tiempo en casa". Aunque no estés en casa con mucha frecuencia, tu familia necesita que les guíes en la búsqueda del Señor siempre que estés con ellos. Cuando un hijo ve a su padre leer la Biblia y orar de rodillas, el recuerdo quedará grabado irrevocablemente en su impresionable mente.

Quiero preguntarte, papá: ¿cuándo fue la última vez que tus hijos te vieron de rodillas con una Biblia abierta, buscando la dirección del Señor? Esa es una lección inconfundible para un hijo. Para ser un hombre espiritual, debes dedicar tiempo a hablar con Él y escucharle mediante su Palabra. La regularidad de esta reunión, no su duración, es lo importante. Incluso cuando llegues tarde, te sugiero que te detengas lo suficiente como para ponerte de rodillas y decirle al Señor: "Te dedico este día. Aunque llego tarde, no quiero salir de casa sin ponerme de rodillas ante ti y disponer mi corazón para obedecerte". Dios recompensará tu fidelidad.

Con el paso de los años he visto que los hogares de padres que hacen esto están siempre bendecidos. ¿Por qué? Porque cuando estamos de rodillas ante Él, Dios nos madura y nos guía a dar pasos espirituales cada día. Aunque solo puedas detenerte a hacer una oración de dedicación y un versículo memorizado por la mañana, asegúrate de hacerlo. Eso te preparará para el día que te espera. Luego puedes tener un tiempo más largo de meditación y lectura de la Biblia más adelante durante el día cuando tengas más tiempo.

Entiende que tu actitud mental influye en cada aspecto de tu hogar, razón por la cual necesitas principios bíblicos para ser el hombre, el esposo y el padre que quieres ser. Cuando tu atención está centrada en las verdades bíblicas, estás ejercitando la mente de Cristo: su pensamiento y formas de responder a las circunstancias. Cuando pienses como Jesús piensa, amarás a tu esposa y a tus hijos con más fidelidad. También serás más sensible a las necesidades de quienes te rodean.

INTELIGENCIA EN ACCIÓN

El cuarto elemento esencial para convertirte en un hombre espiritual es la conciencia de las necesidades espirituales de tu familia. Un hombre espiritual puede discernir más allá de lo que hay en la superficie o de lo que se ve. Cuando escucha a sus hijos, no solo oye lo que dicen, sino también discierne cómo se sienten y sabe reconocer cuándo lo que están expresando no es todo lo que están experimentando. La Biblia dice que Jesús confrontaba a las personas y conocía lo que había en el corazón de ellos. Nosotros no tenemos la mente de Cristo en ese grado, pero, a medida que crecemos en Él, desarrollamos cada vez más su sensibilidad hacia las necesidades de otros.

Un padre que está lleno del Espíritu de Dios puede discernir de inmediato las necesidades espirituales básicas de su familia y buscar oportunidades de enseñarles principios espirituales importantes. También es responsable del progreso espiritual de su familia. Cuando ve que sus hijos se apartan, les anima y ayuda a estar anclados a la roca sólida de la fe. El hombre de Dios también reconoce que los miembros de su familia necesitan una iglesia centrada en Cristo donde aprendan las Escrituras, tengan comunión con el pueblo de Dios y aprendan a testificar de su fe. La iglesia correcta es tu gran ayudador para edificar el tipo correcto de hogar.

Hace muchos años, conocí a una familia que estaba asistiendo a una congregación muy liberal y espiritualmente muerta. Visitaron nuestra iglesia varios domingos, y recuerdo preocuparme genuinamente por su bienestar espiritual al hablar con ellos. Había algunas fuertes señales de aviso de que no todo les iba bien. Tristemente, el padre parecía no ser consciente de ello o no estar dispuesto a reconocer que existían, así que le animé a llevar a su familia a una iglesia centrada en la Biblia y que se involucraran lo antes posible.

Transcurrieron dos años hasta que el padre aceptó mi consejo. Todavía recuerdo cómo él y su esposa pasaron adelante durante la invitación ese domingo por la mañana. Las lágrimas corrían por sus rostros, mientras me decían: "Pastor, finalmente tomamos la decisión de unirnos, pero me da miedo haber esperado demasiado". Durante esos dos años, sus dos hijos adolescentes se habían rebelado, habiendo arruinado sus vidas casi por completo.

Ese tipo de demora se produce con demasiada frecuencia. Tristemente, a menudo nos preocupamos más por las reacciones de nuestros hermanos de la iglesia que de las necesidades de nuestros propios hijos. No permitas que eso te ocurra.

EL LÍDER SERVIDOR

El quinto elemento para destacar del hombre espiritual es que está alerta a las oportunidades para servir, especialmente cuando se trata de su familia. Tardé mucho tiempo en darme cuenta de esto, pero, cuando finalmente entendí que era responsabilidad mía ministrar a mi familia, toda mi vida cambió.

Un hombre espiritualmente orientado siempre estará buscando oportunidades de ayudar a los miembros de su familia. ¿Te gustaría que tu hijo creciera y se convirtiera en un marido que cuida de su esposa? ¿Cómo lo va a aprender? ¿Leyendo libros? No, sino observando a su papá. Un hombre espiritualmente orientado tiene el discernimiento del Espíritu Santo, y siente las oportunidades para servir a su esposa y a sus hijos que les ayudarán a aprender más acerca del Señor y de quiénes son ellos en Cristo.

Si estamos abiertos y buscamos su guía, Dios nos mostrará cómo bendecir a nuestra familia y ayudarles a crecer en sabiduría y amonestación del Señor. Es, entonces, responsabilidad nuestra someternos a sus necesidades y ocuparnos de que esas necesidades sean cubiertas. Por supuesto, no todas las oportunidades son espirituales, algunas son bastante prácticas. Puede ser simplemente que tu hija necesite ayuda con las matemáticas. Quizá pienses: *Mi esposa puede ayudarle.* Sin embargo, tu ayuda en esta necesidad práctica tiene implicaciones espirituales. Tu hija necesita un padre tierno que le cuide, porque al final su visión de ti influenciará su actitud hacia la autoridad y su entendimiento de Dios. Papá: quizá tus conocimientos de matemáticas sean muy pobres, pero no es cuánto sabes, sino tu disposición a ofrecer tu ayuda lo que le dice a tu hija que ella es importante para ti. Y cuando ella sepa bien que es importante para ti, también sabrá que es valiosa e importante para Dios.

Quizá te preguntes: "¿Cómo encaja esto con que una esposa se someta a su marido?". Si quieres motivar a tu esposa a confiar en tu liderazgo, sírvela supliendo sus necesidades. El Señor le inspirará sin duda alguna a someterse a ti cuando tú decidas honrarle a Él.

EL LÍDER DISPONIBLE

La sexta característica de este hombre espiritual es que está disponible para compartirse con otros. Como no es egoísta, tiene el deseo de darse sin esperar nada a cambio. El gozo de dar le motiva a volcarse en su familia.

Cuando mis hijos eran pequeños, hacía el esfuerzo de tener una pequeña conversación y oración con ellos antes de irse a dormir cada noche. Cuando se hicieron adolescentes, esas charlas nocturnas a menudo se convertían en tiempos mucho más largos y participativos. Debido a mi horario, a veces me perdía una sesión, pero no si podía evitarlo. Había algo especial en estar ahí para escucharles y orar con ellos brevemente antes de irse a dormir. Como esas charlas eran relajadas y confidenciales, mis hijos a menudo me decían cosas que a otros padres les sorprenderían. Sin embargo, ellos compartían esas cosas porque el que yo estuviera ahí regularmente cada noche les decía: *Me importan. Estoy interesado en ustedes. Les amo.*

Un pastor amigo mío creció en una familia de siete hermanos. Su padre, también pastor, estaba muy ocupado y fuera de casa hasta bien avanzada la noche. Pero por muy tarde que llegara a casa, siempre se arrodillaba junto a las camas de sus hijos para orar por cada uno. Mi amigo me decía que se acordaba de estar tumbado en su cama, inmóvil, muchas noches haciendo como si estuviera dormido y oyendo a su padre susurrarle una oración. Decía que la presencia de su padre durante esos breves momentos siempre le ayudaba a calmar su espíritu. A menudo, cuando se veía tentado durante el día, la imagen mental de su padre arrodillado junto a su cama le servía de baluarte contra los ataques del enemigo. ¿Es de extrañar que todos esos hijos se casaran felizmente, y que cuatro de los cinco hijos varones llegaran a ser pastores?

Compartir de nosotros con nuestras familias es tiempo invertido sabiamente, el cual producirá, sin duda alguna, abundantes recompensas. Esto se debe a que cosechamos lo que sembramos, más de lo que sembramos y después de sembrar (Gá. 6:7). El principio de sembrar y cosechar funciona tanto para familias como para la agricultura.

Un padre no solo debería dedicar tiempo a su familia, sino que también debería aprender a hablar de su fe con otros. Un padre que habla con su familia sobre cómo el Señor le usó para llevar a alguien a Cristo les motivará más a hablar de sus testimonios cristianos que todos los cursos juntos.

Mediante la demostración y la instrucción deberíamos enseñar a nuestros hijos lo antes posible a dar ofrendas a la iglesia, no solo para que a la iglesia le cuadren las cuentas, sino como un acto de amor a Dios en obediencia a su Palabra. El dinero es un factor esencial en la vida de cada uno; por tanto, nuestra forma de manejar el dinero es una lección importante para los niños. Padre: esa responsabilidad y oportunidad te pertenecen a ti. Cuando diezmas, estás invirtiendo sabiamente en el bienestar económico y espiritual de tu familia. Y cuando experimentas tiempos de dificultad financiera, puedes mostrar a tus hijos que la fuerza para perseverar y trabajar viene de honrar a Dios en la forma de usar el dinero. Estas son lecciones que ellos nunca olvidarán.

Aprender a dar a Dios puede convertirse en un emocionante asunto familiar. Saber reconocer una necesidad, orar juntos para saber cuánto quiere Dios que den, y luego responder juntos en obediencia, puede ser una experiencia muy bonita y espiritualmente poderosa. Estas lecciones, bien enseñadas, proporcionarán toda una vida de guía económica y espiritual para tus hijos.

EL GUARDIÁN ESPIRITUAL

Lo último que quiero destacar acerca de un hombre espiritual es que detesta todo lo que sea una amenaza para el bienestar de su familia. Será cauteloso con el tipo de programas de televisión que ven sus hijos. No aprobará libros o páginas de la Internet con contenidos cuestionables o chistes que impliquen falta de amabilidad o impureza. Es consciente de que todo lo que entra en la mente se queda ahí, así que es cuidadoso al elegir lo que los hijos pueden ver y en qué actividades pueden participar. Se da cuenta de que si él no protege a su familia de las fuerzas destructivas de la sociedad, nadie lo hará.

Algunas veces un hombre espiritual puede dar la impresión de ser demasiado estricto, pero intentará mantener un buen equilibrio. Él corrige con amor las actitudes y los hábitos que rompen la armonía del hogar. No actuará como un policía, espiando cada actividad y llamada de teléfono, sino que, como un padre amoroso, estará involucrado activamente porque desea lo mejor para su familia.

No es de extrañar que preguntes cómo es posible que un hombre pueda cumplir todas estas responsabilidades. Por sí mismo no puede y, como nadie es perfecto, el objetivo siempre estará por encima de lo que nosotros podamos alcanzar. Sin embargo, las posibilidades son mucho más grandes de lo que la mayoría nos imaginamos, cuando damos los pasos correctos.

¿Verdaderamente deseas ser el marido que tu esposa necesita? ¿Realmente quieres ser el padre que anhelan tus hijos? Creo que así es si has llegado hasta aquí en tu lectura.

Entonces, ¿por dónde empiezas?

Justo por el lugar en el que estás. Si nunca has recibido a Jesucristo en tu corazón mediante el arrepentimiento y la fe, comienza por ahí. Romanos 10:9-10 dice: "que si confesares con tu boca que Jesús es el Señor, y creyeres en tu corazón que Dios le levantó de los muertos, serás salvo. Porque con el corazón se cree para justicia, pero con la boca se confiesa para salvación". El primer paso para convertirte en el hombre completo, el marido amoroso y padre cuidadoso que tu familia necesita es aceptar a Jesucristo en tu vida como Salvador y Señor. En el momento en que haces eso, el Espíritu Santo entra en tu vida para habitar ahí para siempre como tu Guía, Maestro, Consolador y Poder. Lee Juan del 14 al 16 para ver lo que Jesús dice acerca de esto.

Dios ha prometido ser tu Ayudador constante como marido y padre, ¿le has pedido que lo sea? ¿Estás leyendo tu Biblia diariamente, orando y obedeciendo lo que Dios te muestra que hagas? No desarrollarás tus músculos espirituales sin alimentar tu alma y ejercitar tu espíritu. Comienza ahí si ese es el lugar en el que estás. Pídele al Señor un compañero espiritual (tu esposa o un amigo cristiano) si necesitas ánimo para caminar en el camino de Dios. Busca, pide y llama persistentemente, y el Padre abrirá las puertas al poder y el éxito espiritual.

Te reto, esposo: da un paso espiritual hacia Dios hoy, y Él marcará claramente cuál es tu próximo paso hacia la verdadera hombría y el liderazgo piadoso de tu familia.

GUÍA DE ESTUDIO
Una guía de ocho sesiones para el líder de grupo

PREPARACIÓN GENERAL

Repasa todo el texto de los capítulos anteriores y de esta guía de estudio. Subraya versículos importantes del texto y toma notas mientras lees. Familiarízate con todo el estudio antes de comenzar. Un conocimiento general de lo que vendrá después te permitirá realizar cada sesión de una forma más eficaz y mantener la discusión relevante en cuanto al tema a tratar. Si un miembro del grupo hace una pregunta que se considerará después en el libro, pospón la discusión hasta ese entonces.

Ten en mente que el bosquejo para cada sesión supone que los miembros del grupo hayan leído *el capítulo correspondiente* antes de cada clase o reunión de grupo.

Añade a tus notas todo el material y todas las ideas que consideres importantes para tu grupo. Como líder, tu entusiasmo por el tema y tu interés personal en quienes lideras puede determinar el interés y la respuesta de tu grupo.

Recomendamos que consideres usar algún tipo de ayuda visual, aunque sea simplemente anotar las respuestas a las preguntas en una pizarra o cuaderno didáctico sobre un caballete. Esto ayudará a tu grupo a recordar mejor cada punto. Asegúrate, también, de tener a mano *todo* el equipo o materiales necesarios *antes* de que comience el tiempo de grupo.

Anima a los miembros del grupo a llevar su Biblia o Nuevo Testamento para usarlos en las reuniones.

COMENZAR BIEN

Comienza la reunión puntualmente. Esto es muy importante en la primera sesión por dos razones. Primero, establecerá el patrón para las demás sesiones. Si comienzas la primera sesión tarde, las personas tendrán menos razón para llegar puntuales a las demás sesiones. Los que sean puntuales perderán su tiempo, y los que habitualmente llegan tarde seguirán llegando tarde la próxima vez. Segundo, la primera sesión debería comenzar puntualmente porque conocerse unos a otros y presentar el libro acortará también tu tiempo de estudio.

Comienza con oración pidiéndole al Espíritu Santo que abra los corazones y las mentes para dar entendimiento y aplicar las verdades que se van a estudiar. El Espíritu Santo es el gran Maestro. Ninguna clase, por muy ortodoxa y cuidadosamente presentada que esté, puede ser en verdad cristiana o espiritual sin el control de Él.

Permite que todos participen. Los planes sugeridos para cada sesión aportan las máximas oportunidades para que los miembros de tu clase participen. Esto es importante porque:

1. Las personas, por lo general, están más interesadas si participan.

2. Las personas recuerdan mejor lo que hablaron juntos que lo que el maestro les explica.

3. A las personas les gusta brindar conclusiones y aplicaciones.

Es más probable que pongan en práctica un principio si lo aplican ellos mismos que si se les dice cómo aplicarlo.

4. Para promover un ambiente relajado, quizá sea sabio:

   a. Pedir al grupo que se siente en un círculo o semicírculo. Este arreglo hace que se sientan más como en casa. También hará que la discusión sea más fácil y relajada.

   b. Sentarte mientras enseñas (a menos que el número del grupo o el lugar requiera que estés de pie).

   c. Estar relajado en tu propia actitud y conducta. Recuerda que el grupo no es "tuyo", sino del Señor, ¡así que no te pongas tenso!

   d. Usa alguna dinámica para que el grupo se conozca mejor, a menos que todos ya se conozcan. En las primeras reuniones, cada persona podría llevar una etiqueta con su nombre escrito en grande. Podría decir algo breve acerca de sí misma y quizá, concretamente, lo que espera conseguir de este estudio.

ADAPTAR EL CURSO

Este material está diseñado para un estudio de ocho semanas, pero se podría adaptar para diferentes usos. Para un trimestre de doce semanas, se pueden dividir algunos capítulos (p. ej., caps. 2, 3 y 6) en dos semanas, y luego dar una semana para que el grupo comparta lo que han aprendido del estudio y lo que esperan hacer de forma diferente a partir de ahora. Para un retiro de fin de semana, pide a los miembros del grupo que lean el libro con antelación, y luego planifica ocho sesiones de cuarenta y cinco minutos (o cuatro de noventa minutos).

Sesión 1
EL HOMBRE VERDADERO

OBJETIVOS DE LA SESIÓN

1. Conocerse unos a otros.

2. Descubrir la idea de Dios de un hombre "completo".

3. Entender cómo el pecado ha torcido el ideal de Dios para los hombres.

4. Encontrar una manera de expresar aprecio por nuestros seres queridos de una forma concreta esta semana.

PREPARACIÓN

1. Si es posible, lee todo el libro para tener una visión global de los temas de estudio, y anota las verdades principales de cada capítulo. Después estudia el capítulo 1.

2. Lee Génesis 1:26-3:24 a la luz de la enseñanza del capítulo 1.

3. Parte de esta sesión se enfoca en la doctrina de que somos hechos a imagen de Dios (*imago dei*), existimos para tener comunión con Él y darle gloria. Dicho de manera simple, esta doctrina enseña que aunque somos distintos a Dios de muchas formas, somos como Él en que también somos *personas*. Al igual que Dios, tenemos la capacidad de amar y de ser amados y la capacidad de edificar, planificar y crear. El hecho de que estamos destinados a tener una existencia eterna también refleja su imagen. Cuando Adán pecó, la imagen de Dios en él no se perdió. Si la imagen solo hubiera implicado santidad, eso sería cierto. Pero, mucho después de la caída, Dios sigue viendo al hombre como portador de su imagen (ver Gn. 9:6; Stg. 3:9). Esta doctrina nos ayuda a explicar por qué somos valiosos para Dios. La humanidad se ha visto afectada por el pecado, pero seguimos llevando la semejanza del Creador.

4. Planifica cuidadosamente para dejar tiempo al final de la sesión para que los participantes puedan orar unos por otros. Las oraciones deberían ser de más de un minuto. Si tu grupo tiene más de seis u ocho personas, considera dividirlo en grupos de dos o tres personas para la oración. Si tu grupo incluye a hombres y a mujeres, puede ser de ayuda que los hombres oren con hombres y las mujeres con mujeres, porque las personas tienden a ser más sinceras en círculos de oración de un solo sexo.

5. Prepara cualquier herramienta didáctica: tablero o pizarra, marcadores o tiza.

DISCUSIÓN

1. Si los miembros del grupo no se conocen, pídeles que busquen a alguien que no conozcan y que compartan (a) su nombre y ocupación; (b) el nombre y ocupación de su cónyuge, si están casados; (c) los nombres y edades de sus hijos, si tienen; y (d) la experiencia más bonita que hayan tenido con su familia el año pasado.

2. En tu pizarra, escribe: "El hombre verdadero" en la parte superior. Luego escribe los siguientes títulos en dos columnas: "La idea del mundo" y "La idea de Dios". Pide a los miembros del grupo que aporten ideas para crear una lista de cómo el mundo que les rodea ve al hombre verdadero. Apunta las ideas bajo la primera columna. Luego pídeles que describan la idea de Dios de un hombre verdadero, basados en el capítulo 1 de este libro y Génesis 1:26-3:24. Puedes pedir a varias personas que lean en voz alta Génesis 1:26-31, Génesis 2:1-25 y Génesis 3:1-24 y hacer una pausa después de cada pasaje para preguntarles qué dice acerca del concepto de Dios de un hombre verdadero.

La lista que sigue muestra posibles maneras de terminar la frase. (La lista no es exhaustiva).

Un hombre verdadero es alguien que…

se siente valioso porque es creado a imagen de Dios (Gn. 1:26-27).

refleja el carácter de Dios (implícito en Gn. 1:26-27).

acepta la responsabilidad como mayordomo de la tierra (Gn. 1:26-30; 2:15, 19-20).

reconoce a Dios como su Creador (Gn. 2:7).

obedece a Dios (Gn. 1:28; 2:16-17, 24).

reconoce que su esposa es un regalo de Dios (Gn. 2:21-23).

cuando se casa, deja a sus padres y se une a su mujer (Gn. 2:24).

protege a su familia de toda influencia malvada (Gn. 3:1-7).

no duda de la Palabra de Dios ni cuestiona sus mandamientos (Gn. 3:1-6).

acepta la culpa de sus propios errores, a diferencia de Adán (Gn. 3:11-12).

reconoce la naturaleza pecaminosa que heredó de Adán (1 Co. 15:22).

cede sus emociones, mente y voluntad al Espíritu Santo (Gá. 5:16-25).

tiene una actitud de dependencia en la provisión de Dios (Fil. 4:19).

3. Pide a los miembros del grupo que examinen las dos columnas de la pizarra y respondan a esta pregunta: *¿Cuáles son algunos contrastes básicos entre la visión del mundo de un hombre verdadero y la visión que refleja Génesis?*

4. Pregunta: *¿Qué cosas positivas dice Génesis 1:26-2:25 acerca de los hombres?*

5. Pregunta: *Génesis 3 refleja la pérdida de la inocencia del hombre. Miren 3:6-24. ¿Cómo afectó la caída de Adán a su relación con Eva?* La sección del libro bajo el título "Tres resultados de la caída" puede ser útil aquí.

6. Pregunta: *¿Cómo afectó la caída de Adán a su manera de interactuar con Dios? Miren 3:7-12 en particular.* Si los miembros del grupo solo leen la cita, como "conoció que estaba desnudo", afirma su respuesta y pídeles que lo digan en sus propias palabras. ¿Qué significa conocer que uno está desnudo? ¿Es simplemente un descubrimiento de un hecho obvio acerca de nuestro cuerpo que cualquier persona hubiera podido notar antes?

7. Pregunta: *¿Cómo afectó la caída de Adán a la manera de relacionarse con su trabajo? Miren 3:17-19.*

8. Pregunta: Dada esta situación en que vivimos, ¿cómo creen que un hombre de Dios busca una relación restaurada con su esposa y sus hijos?

La distancia entre marido y mujer debería disminuir a medida que cada cónyuge se acerca más al Señor. La armonía en el hogar depende de la intimidad con Dios de cada uno, y de su obediencia amorosa a Él. Un hombre *verdadero* reconoce esta verdad y ayuda en el desarrollo espiritual de su esposa así como nutre su propia relación con el Señor.

9. Llegando al final del capítulo 1, el Dr. Stanley escribe: "un hombre verdadero o completo es aquel que entiende y acepta sin problemas la responsabilidad del desarrollo de sus capacidades mentales, emocionales y espirituales y lo demuestra mediante su actitud y acciones maduras en su vida personal, en la vida de su hogar, en su vida vocacional, social y espiritual". Léelo en voz alta y pregunta: *¿Qué nos motivaría a aceptar esta responsabilidad?¿Qué nos motivaría a dejar a un lado esta responsabilidad?*

10. Proverbios 18:22 nos dice: "El que halla esposa halla el bien, y alcanza la benevolencia de Jehová". Lee este versículo y pregunta: *¿Cuáles son algunas de las implicaciones prácticas del hecho de que Dios llama a una esposa el bien para un hombre? ¿De qué formas específicas podemos expresar aprecio por nuestra esposa esta semana?*

11. Pasa un tiempo en oración, posiblemente en grupos de dos o tres personas. Si tu grupo tiene hombres y mujeres, considera poner a orar hombres con hombres y mujeres con mujeres. Pídeles que hablen con Dios acerca de la distancia que sienten entre las personas que Dios quiso que fueran y las personas que son. Anímales a orar por cómo experimentan las consecuencias de la caída en sus propias vidas y a pedirle a Dios que les guíe y capacite para buscar restauración. Pídeles que oren unos por otros sobre este tema.

ACTIVIDADES ANTES DE LA SIGUIENTE SESIÓN

Pídeles a los miembros del grupo que hagan lo siguiente:

1. Lean el capítulo 2.

2. Observen la manera en que interactúan con las personas a su alrededor, especialmente con su esposa e hijos. Escriban algunas notas acerca de lo que hacen. No se critiquen ni se den palmaditas en la espalda; tan solo escriban cómo responden a otras personas. Lleven sus notas a la siguiente reunión junto con su ejemplar de *Un hombre de Dios*. No tendrán que compartir sus notas con nadie, por tanto, pueden ser totalmente sinceros.

3. Observen la forma en que la Biblia describe al apóstol Pablo como un hombre de acero y terciopelo. Por ejemplo, lean Gálatas 1:1-10; Filipenses 1:1-18 y 1 Tesalonicenses 2:1-9.

Sesión 2
EL HOMBRE DE ACERO Y TERCIOPELO

OBJETIVOS DE LA SESIÓN

1. Entender cómo las cualidades del acero y del terciopelo se expresan en una familia.

2. Evaluarnos a nosotros mismos a la luz de las cualidades del acero y del terciopelo.

3. Comenzar a trabajar en un área carente de acero con respecto a nuestro liderazgo en el hogar.

4. Poner energía esta semana para desarrollar una cualidad de terciopelo que nos falte.

PREPARACIÓN

1. Estudia el capítulo 2 y prepara una lista maestra de las cualidades del acero, incluyendo tanto las características específicas que el Dr. Stanley sugiere como las siete cualidades generales que menciona.

2. Haz una lista de formas específicas en que un hombre podría aplicar estas cualidades en su vida. (Las investigaciones psicológicas indican que las personas cambian la conducta solo si tienen áreas específicas de la vida en mente y pasos concretos que dar. Por ejemplo, ser un hombre "responsable" es un concepto general. En vez de dejar que los miembros del grupo salgan de la sesión diciendo: "Tengo que ser más responsable", deberían poder irse concentrándose en cosas específicas que pueden hacer en casa para ejercitar más responsabilidad. Si se te ocurren algunas ideas con antelación, podrás ayudarles con estas si no se les ocurren cosas específicas en el momento de la sesión).

3. Del mismo modo, compila una lista maestra de las cualidades del terciopelo. Sé más específico que tan solo las características generales que enumera el Dr. Stanley. Por ejemplo, en sus comentarios acerca del hombre de terciopelo como un *comunicador*, hace alusión a *escuchar con atención*. Anota también los rasgos que no menciona directamente pero que te sugieran sus comentarios.

4. Haz una lista de formas específicas en que un hombre podría mostrar estas cualidades del terciopelo.

5. Hay muchas preguntas más y probablemente las puedas cubrir en una

sola sesión. Se dan en caso de que quieras dedicar dos días a esta sesión. Si solo tienes una reunión, lee todas las preguntas y elige las que quieres incluir.

6. Ten a mano tarjetas o papel, y también plumas durante la sesión.

7. Opcional: si piensas dividir esta sesión en dos semanas, tendrás tiempo para leer algunos de los versículos que revelan a Pablo como un hombre de acero y un hombre de terciopelo. Estudia estos pasajes: Gálatas 1:1-10; Filipenses 1:1-18 y 1 Tesalonicenses 2:1-9.

DISCUSIÓN

1. Comienza con un juego de asociación de palabras. Escribe las palabras *hombre de acero* en la pizarra, y pide a los miembros del grupo que compartan lo primero que vino a su mente cuando leyeron esas palabras. Escribe sus respuestas en la pizarra.

2. Di: *Las cualidades del acero son las tradicionalmente llamadas "varoniles". Algunos hombres se sienten atraídos por la idea de ser como Superman, mientras que otros se sienten abrumados por la idea. Sin embargo, las mujeres y los niños miden a los hombres desde una perspectiva distinta. Sí, ellos necesitan y admiran la fuerza del acero. Sin embargo también les gusta el suave tacto del terciopelo. Las cualidades de carácter que los hombres fácilmente menosprecian son extremadamente importantes para otros en la familia. En esta sesión aprenderemos lo que significa ser un hombre de acero*

y un hombre de terciopelo. Aprenderemos a vernos a través de los ojos de nuestra esposa e hijos, y exploraremos maneras concretas de lograr un mayor equilibrio.

3. El capítulo comienza con una sección sobre "El hombre responsable". Si tienes tiempo, aquí tienes algunas preguntas relevantes:

- *¿Cuáles son algunas maneras específicas en que un esposo y padre puede actuar como un hombre responsable?*
- *¿Cuáles son algunas cosas irresponsables que un esposo y padre podría hacer que dañarían a su familia?*
- *¿Qué factores llevan a un hombre a ser irresponsable?*
- *¿Cómo afecta la irresponsabilidad de un hombre a su esposa y a sus hijos?*
- *¿Cómo afecta la irresponsabilidad de un hombre a su percepción de sí mismo?*

4. Escribe en la pizarra el título "Hombre de acero". Pide al grupo que den ideas para confeccionar una lista de las cualidades del acero. Pueden tomar las cualidades que se mencionan en el capítulo y también algunas otras tradicionales que se les ocurran. Para ayudar al grupo, puedes empezar con un par de cualidades de tu lista. Después deja que el grupo escriba las suyas. Cuando se le hayan acabado las ideas al grupo, puedes añadir alguna de tu lista que crees necesario.

5. Selecciona una de las cualidades y pídele al grupo un ejemplo de cómo un hombre podría actuar en función a esa cualidad en su familia. Haz esto con dos o tres cualidades que más creas que será útil explorar.

6. Pregunta: *¿Qué cualidad del acero creen ustedes que falta más entre los hombres hoy día? ¿Por qué?*

7. Pregunta: *¿Qué cualidad creen que es más difícil de desarrollar? ¿Por qué?*

8. Opcional: mira las cualidades de acero de Pablo en Gálatas 1:1-10. Pide que alguien lea el pasaje en voz alta, y pregunta al grupo qué cualidades del acero ven en Pablo.

9. Pide a los miembros del grupo que examinen las formas en que han interactuado con otros durante la semana pasada. Si tomaron notas al respecto, pueden repasarlas. Pídeles que busquen evidencia del acero y áreas donde les parezca que les faltan las cualidades del acero. Anímales a ser totalmente sinceros consigo mismos y a permitir que el Espíritu de Dios les convenza y saque a la luz sus necesidades. Enfatiza que no se le pedirá a nadie que comparta lo que escribió. Permite que haya un tiempo de oración en silencio donde los miembros pueden confesar cualquier carencia de acero.

10. Reparte tarjetas y plumas. Pide a los miembros del grupo que escriban una cosa que quieran hacer en la semana entrante que reflejará el que están tomando la responsabilidad como un hombre de acero. No tendrán que compartir lo que escribieron a menos que así lo deseen.

11. Escribe en la pizarra el título "Hombre de terciopelo". Pregunta: *¿Cuáles son algunas características específicas de un hombre de terciopelo?* Cuando el grupo se haya quedado sin ideas, añade cualquier cualidad esencial en la que pensaste durante tu preparación.

12. Pregunta: *¿Por qué los hombres a veces dan por hechas estas cualidades?*

13. Pregunta: *¿Cuáles son algunos errores para evitar como hombre de terciopelo?*

14. Pregunta: *¿Qué cualidad del terciopelo creen que es la que más falta en los hombres hoy día, y por qué?*

15. Selecciona una de las cualidades del terciopelo y pide al grupo un ejemplo de cómo un hombre podría actuar con esta cualidad en su familia. Hazlo con otras dos o tres cualidades que creas necesario explorar más.

16. Opcional: mira las cualidades de terciopelo de Pablo en Filipenses 1:1-18 y 1 Tesalonicenses 2:1-9. Pide que alguien lea cada pasaje en voz alta, y pregunta al grupo qué cualidades del terciopelo ven en Pablo.

17. Pregunta: *Si sus esposas apuntaran tres cualidades de las que carecen ustedes, ¿cuáles serían? No tienen que responder en voz alta si no lo desean, pero dediquen unos minutos para pensar en esto. Quizá quieran tomar notas.* Haz una pausa de unos treinta segundos y deja que el grupo medite en la pregunta.

18. Di: *Tomen un minuto y piensen en una cosa que harán esta semana para desarrollar una de las cualidades del terciopelo más débiles que haya en ustedes. Escríbanlo. Pueden usar la misma tarjeta en la que apuntaron cómo ser un hombre de acero.*

19. El verdadero crecimiento en estas áreas es imposible sin el Espíritu Santo. Dedica un tiempo para orar a fin de que el Espíritu Santo comience a desarrollar las cualidades que cada miembro del grupo necesita para suplir las necesidades de su familia.

ACTIVIDADES ANTES DE LA SIGUIENTE SESIÓN

Pide a los miembros del grupo que hagan lo siguiente:

1. Lean el capítulo 3.

2. Pongan en práctica la cualidad del acero y del terciopelo que eligieron en la sesión 2. Si no sale a la perfección la primera vez, no se rindan. Los nuevos hábitos requieren tiempo. Pídanle ayuda a Dios.

Sesión 3

UN BUEN PROVEEDOR... Y ALGO MÁS

OBJETIVOS DE LA SESIÓN

1. Crecer en el entendimiento de nuestras parejas, particularmente en sus necesidades emocionales y espirituales.

2. Corregir cualquier maltrato, exceso o insuficiencia en la provisión material que hacemos para nuestra familia.

3. Descubrir cómo podemos suplir las necesidades espirituales de nuestra familia.

4. Prepararnos para comentar con nuestras esposas maneras de mejorar el desarrollo espiritual en el hogar.

PREPARACIÓN

Estudia el capítulo 3.

DISCUSIÓN

1. Pídele a alguien que lea 1 Timoteo 5:8 en voz alta. Pregunta al grupo: *¿Qué pasa por su mente cuando oyen esta frase?* Recibe breves respuestas de todas las posibles personas en el grupo.

2. Pregunta: *¿Por qué un cristiano que no provee bien para su casa es peor que un incrédulo?*

3. Una perspectiva femenina sobre las necesidades de una familia puede ser útil para los hombres. Si hay mujeres en el grupo, pídeles que respondan a una o más de las siguientes preguntas:

- *¿Qué provisión es la más esencial para su familia?*

- *¿Cuáles son algunas de las necesidades de los niños que los padres pueden suplir mejor?*

- *¿Cuáles son las necesidades emocionales más grandes de las mujeres? ¿Cómo puede un esposo ser más sensible a las necesidades emocionales de los miembros de su familia?*

UN BUEN PROVEEDOR... Y ALGO MÁS

- *Den ejemplos de cosas que un esposo puede hacer para suplir las necesidades emocionales de su esposa.*

4. Pregunta: *¿Cómo deciden cuál es la provisión material necesaria para su familia? ¿Miden esto por lo que tenían sus padres, por lo que tienen otras personas o por lo que ustedes quieren? O ¿hay alguna otra norma para medir esto?*

5. Pregunta: *¿Qué significa estar esclavizado a la provisión, ya sea por otros o por el orgullo de uno mismo? ¿Cómo pueden saber si están esclavizados?*

6. Pregunta: *En las realidades de nuestro mundo, ¿qué puede hacer un hombre si siente la presión de trabajar en exceso, ya sea de parte de su jefe, de su familia o de sí mismo?*

7. Pregunta: *¿Qué hizo el padre de cada uno de ustedes para proveer para las necesidades espirituales de la familia?*

8. Pídele a alguien que lea Deuteronomio 6:1-9 en voz alta. Después pregunta: *¿Cómo describe este pasaje la función de la familia a la hora de proveer para las necesidades espirituales de los hijos?* Algunas cosas importantes están aquí destacadas:

> La base para cuidar de las necesidades espirituales de otros está en tener cubiertas nuestras propias necesidades mediante una relación con Dios. Nuestro propio amor por el Señor es la clave (vv. 1-5).

Debemos modelar el estilo de vida cristiano que queremos que adopten nuestros hijos o nuestra esposa, vv. 1-5. Observa especialmente el énfasis en que los padres *obedezcan* los mandamientos de Dios fielmente antes de intentar enseñarlos (vv. 1-3).

El prerrequisito para cuidar bien de las necesidades espirituales es saturarnos nosotros mismos con la Palabra de Dios (v. 6).

Podemos inculcar verdades espirituales de manera espontánea en situaciones de la vida así como en tiempos formales de instrucción (vv. 7-9).

9. Pregunta: *¿Creen que no es realista hoy día esperar que las familias suplan las necesidades espirituales de los hijos? ¿O deberían las iglesias hacer ese trabajo? ¿Por qué sí o por qué no?*

10. Pregunta: *¿Qué ideas para suplir las necesidades espirituales de su familia sacaron de este capítulo?* Una vez que el grupo haya respondido, pregunta: *¿Qué retos podrían enfrentar a la hora de ponerlas en práctica? ¿Cómo podría una familia superar esos retos?*

11. Cuando se encuentran con la maravillosa responsabilidad de suplir las necesidades espirituales de los miembros de la familia, muchos hombres se sienten incómodos o culpables y solo ven sus errores. Recuerda a tu grupo que la suficiencia para cumplir las tareas que Dios nos da viene del Padre, no de nosotros mismos. El Señor nos capacita para hacer lo que nos manda hacer. Entre los pasajes de la Biblia que se enfocan cómo Dios nos capacita están Juan 15:1-11; 1 Corintios 1:26-29; 2 Corintios 4:7; 12:9-10 y Efesios 3:20. Dedica tiempo para que los miembros del grupo oren unos por otros para crecer como proveedores materiales, emocionales y espirituales de su familia.

12. Pide a cada persona que piense en cuál de estas áreas de ámbito espiritual está más carente en su hogar: participación en una iglesia o conversación acerca de cosas espirituales en casa. (O si la provisión material o emocional es el principal asunto que sus familias necesitan tratar, pídeles que identifiquen eso). Anima a todos a reunirse con sus cónyuges la semana siguiente y, a la luz de esta carencia, que hablen de maneras de mejorar la provisión para los miembros de la familia. Esto debería ser un tiempo de ideas y de oración en el que el marido y su esposa decidan cómo suplir esta carencia. Anima a los miembros del grupo que tienen cónyuges no cristianos a expresar sus necesidades y preocupaciones a un amigo con el propósito de orar.

ACTIVIDADES ANTES DE LA SIGUIENTE SESIÓN

Pide a los miembros del grupo que lean el capítulo 4 del libro.

Sesión 4
EL LÍDER DE DIOS

OBJETIVOS DE LA SESIÓN

1. Aclarar malentendidos y corregir los abusos en el liderazgo del hombre de Dios.

2. Evaluarnos a la luz del estilo de liderazgo servicial propuesto por Jesús.

PREPARACIÓN

Estudia el capítulo 4.

DISCUSIÓN

1. Antes de que lleguen los miembros del grupo, escribe la siguiente pregunta en la pizarra o el cuaderno didáctico: *Si murieras hoy, ¿cómo querrías que tu esposa y tus hijos respondieran a esta pregunta: ¿qué es lo que más recuerdas de tu esposo (padre)?* Cuando el grupo se haya reunido, pide a los participantes que respondan.

2. Pide que alguien lea 1 Corintios 11:3 en voz alta. En tu pizarra o cuaderno didáctico, dibuja un diagrama reflejando a Dios Padre → Cristo → Esposo → Esposa. Este diagrama muestra una cadena de mando y orden de responsabilidad solamente, no niveles de dignidad o de importancia. En la jerarquía divina, aunque el Padre y el Hijo tienen papeles distintos, son iguales (Jn. 10:30; 14:9). Y en la relación esposo-esposa, la pregunta no es quién es superior o más privilegiado, sino quién es el responsable del liderazgo en la organización de la familia de Dios.

3. Pregunta: *¿Cuáles son los puntos fuertes de su vida familiar según esta cadena de mando? ¿Cuáles son los posibles inconvenientes o abusos?* Consulta la sección titulada "Holgazán y dictador".

4. Pregunta: *¿Qué significa ser cabeza del hogar? ¿Qué no significa? ¿Cómo creen ustedes que se debería poner en práctica?*

5. El concepto de la familia como una organización compleja, con el padre como su presidente, tiene muchas implicaciones prácticas para el hombre de la casa. Pide a los miembros del grupo que propongan ideas para elaborar una lista de responsabilidades del presidente de una compañía. Escribe

la lista en tu pizarra o cuaderno didáctico. (Entre estas responsabilidades se incluyen tomar decisiones, delegar, establecer objetivos, evaluar los beneficios y productos, y estudiar para mejorar su conocimiento de la empresa).

6. Pregunta: *¿De qué maneras son similares las responsabilidades de una cabeza de familia a las de un presidente de una compañía? ¿Cómo se expresa cada una de estas responsabilidades en la vida de un esposo y padre? ¿De qué formas es distinto dirigir una familia a dirigir una empresa?*

7. Pregunta: *¿Qué responsabilidades se podrían delegar a la esposa? ¿De qué tipo de decisiones es responsable el esposo?*

8. Pregunta: *¿Qué tipo de objetivos se deberían establecer para la familia?*

9. En Mateo 20:20-28, Jesús describió dos estilos opuestos de liderazgo: gobierno dictatorial y liderazgo servicial, el cual Él modeló para sus discípulos. Pide que alguien lea en voz alta este pasaje. Después, haz dos columnas en la pizarra, una con el título "Liderazgo dictatorial" y la otra "Liderazgo servicial". Pide al grupo ejemplos de maneras en que Jesús ejemplificó el enfoque servicial (por ejemplo, lavó los pies de los discípulos en Juan 13:4-5. También entregó su vida por aquellos a los que dirigía). Pregunta: *¿Qué conlleva el liderazgo servicial?* Escribe las respuestas del grupo en la segunda columna. Los comentarios de Jesús en Mateo 20:20-28 pueden servir para estimular el pensamiento.

10. El enfoque dictatorial del liderazgo es autoritario, un sistema de

"enseñorearse". Pregunta: *¿Cómo se expresa el liderazgo dictatorial?* Escribe las respuestas en la primera columna. Pide respuestas acerca de las acciones así como de los motivos. Estas son algunas posibles respuestas:

LIDERAZGO DICTATORIAL	LIDERAZGO SERVICIAL
Ve la responsabilidad como un trabajo para realizar, una obligación necesaria	Ve la responsabilidad como un ministerio, una oportunidad
Motivado por la ganancia personal, recompensas terrenales	Motivado por el servicio a otros, recompensas eternas
Enfoque del tipo "haz lo que yo digo"	Enfoque del tipo "haz lo que yo hago"
Demanda respeto	Se gana el respeto
Establece rangos, lidera según una posición designada	Lidera con el ejemplo
Independiente (no acepta fácilmente las sugerencias)	Interdependiente (dispuesto a oír sugerencias)
Actitud superior	Actitud humilde
Apunta al progreso, a ir por delante	Apunta a la transformación personal y de los demás para ser como Cristo
Centrado en el yo	Centrado en otros
Le gusta que le sirvan	Prefiere servir a otros

11. Pregunta: *¿A qué estilo de liderazgo responderán de manera más positiva las esposas y los hijos? ¿Por qué?* (El liderazgo servicial. Se percibe como más personal, amoroso).

12. Pide al grupo que hable de cómo cada tipo de líder respondería dadas las siguientes circunstancias: (a) la necesidad de establecer reglas para la vida social de su hija adolescente; (b) cómo gastar una devolución de impuestos; (c) el acto deliberado de desobediencia de un hijo, como mentir.

13. Pregunta: *¿Cuál de las diez políticas administrativas al final del capítulo desean practicar de manera más eficaz?*

14. Divide en subgrupos de tres o cuatro. Pide a cada persona que exprese a los miembros de su grupo una petición de oración específica como respuesta a la pregunta: "¿Qué cambios tengo que hacer como cabeza de mi hogar?". Otra persona del grupo puede orar brevemente por la necesidad expresada antes de que la siguiente persona exponga la suya.

ACTIVIDADES ANTES DE LA SIGUIENTE SESIÓN

Pide a los miembros del grupo que hagan lo siguiente:

1. Lean el capítulo 5 del libro.

2. Lleven consigo a la siguiente sesión cualquier periódico, libro o recurso cristiano que les haya ayudado en la crianza de los hijos o en la disciplina en el hogar.

Sesión 5
INSTRUCTOR EN CASA

OBJETIVO DE LA SESIÓN

Entender y aplicar lo que dice la Palabra de Dios acerca de educar a los hijos.

PREPARACIÓN

1. Estudia el capítulo 5.

2. Prepara una mesa de libros cristianos sobre el tema de la disciplina de los hijos y la educación en el hogar. Búscalos en la biblioteca de tu iglesia y pídelos a tus amigos. Ten este muestrario preparado antes de que llegue el primer miembro del grupo. Los miembros vendrán a la reunión con los recursos que les hayan sido más útiles y los colocarán en la mesa también.

3. Haz fotocopias de la hoja de trabajo "Principios de instrucción de Proverbios" del Apéndice A para cada miembro del grupo.

DISCUSIÓN

1. A medida que lleguen los miembros del grupo, anímales a echar un vistazo a la mesa de libros. Si han llegado a la reunión con libros sobre cómo criar a los hijos, pídeles que los pongan en la mesa y que los recojan después de la sesión.

2. Para iniciar el tema, pregunta: *¿Qué es lo que sus padres hicieron bien al instruirlos a ustedes?* Intenta que cada persona diga algo, pero permite que alguien no diga nada, si así lo prefiere.

3. Escribe Proverbios 22:6 en el cuaderno didáctico o la pizarra. Pide que algunas personas expresen su primer pensamiento, positivo o negativo, sobre esta promesa. *¿Qué preguntas les vienen a la mente cuando leen este versículo?*

4. Conocer el trasfondo del pasaje de Proverbios puede ser útil. En Israel, cuando se escribieron los proverbios, eran los padres los que instruían a los niños casi exclusivamente en el hogar. La instrucción comenzaba a temprana edad y se centraba en entender y aplicar la ley. Incluso antes de la entrega de la ley, Abraham estaba obligado a instruir a toda su casa (Éx. 10:2; 12:26-27). Todos los padres tenían que instruir a sus hijos (Éx. 10:2; 12:26-27). Entre los pasajes que reflejan la importancia de transmitir

la verdad de Dios de una generación a otra están Deuteronomio 6:1-9, Salmos 78:3-6 y Proverbios 4:3-4. El propósito de la instrucción era cultivar la memoria del niño para ayudarle a recordar la ley. Los padres también entrenaban a los niños en las tareas diarias (1 S. 16:11; 2 R. 4:18), habilidades artísticas (1 S. 16:15-18; Sal. 137) y destrezas de la casa (Éx. 35:25-26; Proverbios 31:13-31). Las madres, así como los padres, eran importantes como instructores (Pr. 1:8; 6:20). Proverbios 31:1 indica que la madre de Lemuel, rey de Masa, le enseñaba. Sin embargo, el entrenamiento era en última instancia la responsabilidad del padre en el sistema judío.

5. Pregunta: *¿Creen ustedes que es más difícil instruir bien a un niño ahora que cuando se escribió Proverbios 22:6? ¿Por qué sí o por qué no?*

6. Pregunta: *¿Cuál es la causa de la aparente discrepancia entre la promesa de Proverbios 22:6 y la falta de éxito de muchos padres cristianos?* (Muchas fuentes distintas moldean el sistema de valores de un niño hoy día, y muchos padres malentienden lo que significa realmente el proceso de formación).

7. Pregunta: *¿Cuáles son los problemas más comunes que se encuentran al intentar instruir a sus hijos para Cristo?* Escribe las respuestas en un cuaderno o en la pizarra. Pregunta: *¿Qué ideas o soluciones han descubierto algunos de ustedes con respecto a estos problemas?*

8. Repasa cada uno de los pasos que da el capítulo para guiar a los hijos en su camino. Haz preguntas como estas:

   ¿Cuál de estos pasos les resultan más desafiantes?

¿Por qué es tan difícil ese paso?

¿Por qué es más fácil que un niño adquiera una influencia negativa que una positiva?

¿Cómo puede una persona aprender a comunicarse mejor con los niños?

¿Cómo aprende un padre a manejar mejor la frustración?

¿Qué ideas acerca de la instrucción consideran las más útiles en el capítulo?

9. Si hay tiempo, reparte la hoja fotocopiada sobre Proverbios (Apéndice A). Da a todos unos diez minutos para rellenar la hoja. Después pide a los miembros del grupo que hablen de sus conclusiones. Lo siguiente son posibles ideas de esos versículos.

El motivo para disciplinar a un hijo debería ser el amor (3:12). La disciplina es una prueba de mi amor por mi hijo (3:12). La disciplina debería ser coherente y firme (13:24, observa el término *desde temprano*). Se debe evitar un castigo físico extremo que pudiera ocasionar lesiones al niño (19:18b). La disciplina debería comenzar pronto, mientras el niño es pequeño (19:18, observa la frase *en tanto que hay esperanza*). La disciplina puede tener un efecto eterno positivo que moldee el destino de un niño (23:14). Pecamos cuando retenemos la disciplina (23:13a). La disciplina es necesaria debido a la inclinación innata del niño a la necedad y el pecado (22:15). Entre los resultados de la disciplina están la sabiduría en el niño (29:15) y deleite en el corazón de los padres (29:17).

10. Divide en subgrupos de tres o cuatro personas para la oración. Pide a cada persona que haga una petición de oración específica relacionada con

la instrucción de sus hijos. Cuando todos hayan expresado una petición, haz que otra persona de ese subgrupo, que se identifique con esa necesidad, ore brevemente por esa persona. Anima también a los miembros de cada subgrupo a orar unos por otros durante la próxima semana.

ACTIVIDADES ANTES DE LA SIGUIENTE SESIÓN

Pide a los miembros del grupo que lean el capítulo 6. Como líder, tú también deberías hacer esto:

1. Estudia Efesios 5:22-33.

2. Opcional: entrevista brevemente a seis u ocho mujeres cuyos esposos no participan en el curso y graba en audio o anota sus respuestas a esta frase incompleta: "Me siento más amada por mi esposo cuando _____". Puedes decidir delegar a algún miembro del grupo esta tarea de entrevistar. Intenta conseguir respuestas específicas de las personas entrevistadas.

Sesión 6
AMOR VERDADERO

OBJETIVOS DE LA SESIÓN

1. Descubrir formas en que Cristo amó a la Iglesia y las implicaciones para una relación entre esposo y esposa.

2. Determinar una manera en que podemos ser más como Cristo en nuestro amor por nuestras esposas.

PREPARACIÓN

1. Estudia el capítulo 6.

2. Lleva plumas, papel y tarjetas a la sesión.

3. En cuanto a la Actividad 2 de la sesión 5, si delegaste esta responsabilidad, llama al entrevistador para preguntarle cómo van las entrevistas. El entrevistador debería estar preparado para hablar de las entrevistas durante la sesión.

4. También sería bueno fotocopiar el bosquejo de Efesios 5:22-33 del Apéndice B para entregar a los miembros del grupo. Las instrucciones de Pablo para las personas casadas están en un contexto que habla del caminar del creyente con Cristo (Ef. 4—6). Destacan que el hombre no puede verdaderamente caminar con Cristo a menos que su matrimonio y vida familiar estén en orden. La repetición de referencias al Señor en Efesios 5:22-33 muestra la centralidad que Dios quiere tener en cada matrimonio (se usan doce veces el nombre de Cristo o pronombres que sustituyen su nombre).

El mandato a amar a nuestras esposas (5:25) está en tiempo presente imperativo en el texto griego, y se podría traducir como "sigan amando" o "hagan el hábito de amar". La palabra *santificarla* en el versículo 26 significa "apartar como santa, como para un propósito especial". La frase *que no tuviese mancha* en el versículo 27 significa "no tener impureza", y la palabra *arruga* se refiere a cualquier forma de decadencia o ruina. La repetición de la palabra *mismo* (dos veces en el versículo 28 y de nuevo en el versículo 33) revela la insistencia del Señor en que solo tenemos una mujer como el objeto de nuestros pensamientos y afecto. Sugiere el desagrado de Dios de la lujuria y el apego emocional a otras mujeres.

DISCUSIÓN

1. Escribe la declaración "El amor nunca es libre" en la pizarra como pensamiento de apertura. Pregunta: *"¿Están de acuerdo o no con esta frase? ¿Por qué?* Deja algunos minutos para comentarios, después señala que la frase *amor libre* es una de las muchas frases que reflejan una definición

distorsionada o diluida del término. En esta sesión, tu grupo estudiará ideas equivocadas del amor y aprenderá cómo debería ser la relación de amor entre hombre y mujer. El autor insiste en que todo amor cuesta algo a alguien. Pide a tu grupo que nombre algunos ejemplos de lo que cuesta el verdadero amor.

2. Ayuda a los miembros del grupo a entender que la forma en que la sociedad usa el término *amor* puede ser muy distinta de la forma en que lo usan las Escrituras. Pregunta: *¿Cuáles son las falsificaciones más comunes del amor, actitudes o sentimientos que a menudo se confunden con el amor?* (Algunos ejemplos: anhelar el esplendor o la aventura; la atracción sexual; anhelar a alguien que te haga de madre o padre en vez su rol como cónyuge; desear un estatus, aprecio o aceptación social; y la necesidad de depender de alguien).

3. Pregunta: *¿Cuáles son las diferencias básicas entre sentimientos y amor?* (Los sentimientos a menudo son egocéntricos. Hacen que una persona piense en lo que una relación puede hacer por él o ella, mientras que el amor se enfoca más en la plenitud de la otra persona. Los sentimientos también son temporales; van y vienen. Un compromiso que ata permanentemente a dos personas refleja amor. El amor incluye sentimientos, pero se basa más en el compromiso que en la emoción).

4. Pregunta: *¿Por qué hay tanta confusión en cuanto al significado del amor?*

5. Pide que alguien lea en voz alta Efesios 5:22. Puedes entregar copias del bosquejo del Apéndice B al grupo o dirigir a los miembros del grupo al bosquejo en sus libros.

6. Haz dos columnas en la pizarra, con los títulos "Maneras en que Cristo amó a la Iglesia" e "Implicaciones para los esposos". Pregunta: *¿Cuáles son algunas formas concretas en que Cristo expresó amor a la Iglesia?* Anima al grupo a mirar los cuatro Evangelios para ilustraciones de cómo Jesús amó a la Iglesia o a sus seguidores.

Por ejemplo, Cristo amó a la Iglesia *sacrificialmente* (la cruz); *incondicionalmente* (Ro. 5:6, 8); *desinteresadamente, coherentemente, verbalmente* (les dijo a los demás que les amaba, Jn. 13:34; 5:12); *en oración* (Jn. 17); *pacientemente* (nota ilustraciones de paciencia con sus discípulos); *misericordiosamente* (Pedro en Jn. 21); *amablemente* (Jn. 20, con María cerca de la tumba); *tiernamente* (compasión por Lázaro y su familia en Jn. 11). Los ejemplos deberían ilustrar que Él mostró su amor por otros con *hechos* y con *palabras*, consolando, animando y elogiando.

7. Pregunta: *¿Cuáles son las implicaciones para los maridos de las formas concretas que acabamos de enunciar?* Por ejemplo, una manera en que Cristo amó a la Iglesia fue *tomando la iniciativa* y amando cuando no se merecía (Ro. 5:6, 8; 1 Jn. 4:9-10). Una manera posible en que el marido actúa como iniciador del amor es siendo el primero en disculparse o buscar la reconciliación tras una disputa, aunque él sienta que la culpa es de la esposa en un noventa por ciento. ¡Él tiene que pedir perdón por su diez por ciento! El amor de un esposo por su esposa debería expresarse con *palabras* y con *hechos*. Es fácil para los hombres subestimar la necesidad de una mujer de oír que es amada.

8. Pregunta: *¿Qué cosas a menudo estorban el desarrollo de una relación de amor entre un esposo y una esposa?* (El capítulo señala algunas respuestas. Por ejemplo, la baja autoestima de la pareja, su énfasis en sobresalir en un trabajo o afición, o rivales como la televisión pueden convertirse en obstáculos para la cercanía. Algunos de los obstáculos enumerados quizá no

sean malos en sí mismos, pero pueden convertirse en preocupaciones que provocan un distanciamiento entre el esposo y la esposa).

9. Pon las grabaciones de audio de las entrevistas que hiciste a las mujeres o lee en voz alta sus respuestas (ver Actividad 2, sesión 5). Los comentarios de las mujeres deberían reforzar e ilustrar el contenido escrito en la columna "Implicaciones" en la actividad anterior. Oír el audio puede ayudar a que los hombres del grupo se vuelvan más sensibles a nuevas formas de expresar su amor a sus esposas.

10. Si no hiciste las entrevistas y aún queda tiempo, puedes ver 1 Corintios 13. El amor entre esposo y esposa se puede definir de dos maneras. Hay definiciones *léxicas* que explican lo que significa la palabra. Por ejemplo: "Amor es la capacidad de entender a mi esposa". O: "Amor es ser amable con mi esposa". Pero una definición *operativa,* que se refiere a conductas, nos da un entendimiento aún más profundo del amor porque muestra la palabra en acción. Por ejemplo: "Amor es decirle que lo siento cuando la he lastimado". O: "Amor es cuidar de los niños mientras ella va al gimnasio". Estas son definiciones más concretas que muestran el amor en acción. Se encuentran ambos tipos de definición en 1 Corintios 13.

Pide a alguien que lea 1 Corintios 13:4-7 en voz alta. Luego pregunta: *¿Cuáles son algunas de las cosas que hace el amor?* Por ejemplo, quizá los participantes dicen que el amor todo lo soporta. Afirma esta buena respuesta y pide al grupo que lo digan con sus propias palabras. *¿Qué acciones muestran esta clase de amor en un matrimonio?*

También puedes preguntar: *¿Qué no hace el amor? ¿Cuáles acciones importantes se deben evitar? ¿Qué deberíamos hacer en cambio?* Por ejemplo: "El amor no hace nada indebido", significa que "el amor perdona a la otra persona sin reservas".

AMOR DEFINIDO NEGATIVAMENTE	AMOR DEFINIDO POSITIVAMENTE
El amor no tiene envidia no es jactancioso no se envanece no hace nada indebido no busca lo suyo no se irrita no guarda rencor no se goza de la injusticia	El amor es sufrido es benigno se goza de la verdad. todo lo sufre todo lo cree todo lo espera todo lo soporta

Después, pide al grupo que haga preguntas que puedan ayudar a un hombre a evaluar su matrimonio a la luz de las características de 1 Corintios 13. Por ejemplo: "El amor no hace nada indebido". Una pregunta evaluativa es: "¿He fallado en perdonar a mi esposa por algo que ella haya dicho o hecho?". O: "El amor es sufrido". Una buena pregunta es: "¿De qué maneras específicas tengo que ser más paciente con mi esposa?".

11. Entrega a cada miembro del grupo una tarjeta en blanco. Pide a cada uno que termine esta frase tras meditar en las entrevistas y en lo que escribió en la columna de "Implicaciones": "Puedo ser más como Cristo en mi amor por mi esposa (o esposo) la semana que viene mediante _____". Deja un tiempo para una oración en silencio, en la que los participantes puedan pedirle a Dios el valor y la capacidad de poner en práctica sus ideas.

ACTIVIDADES ANTES DE LA SIGUIENTE SESIÓN

Pide a los miembros del grupo que hagan lo siguiente:

1. Lean el capítulo 7.

2. Lean Efesios 4:29 y Santiago 3:1-12.

Sesión 7
EL HOMBRE SINCERO

OBJETIVO DE LA SESIÓN

Mejorar la comunicación con nuestra pareja aplicando principios bíblicos acerca de la lengua en nuestras propias vidas.

PREPARACIÓN

1. Lee el capítulo 7 y examina Santiago 3:1-12 y Efesios 4:29.

2. Lleva papel y plumas.

3. Para obtener una perspectiva más amplia de la enseñanza de la Biblia acerca de la lengua, también puedes usar una concordancia y mirar

los versículos que contengan *lengua, labios, boca, palabras* y *hablar* en Proverbios. Busca maneras de hablar positivas y negativas.

DISCUSIÓN

1. Abre esta sesión con la siguiente pregunta: *¿Cuántas palabras creen ustedes que una persona suele decir en un día?* (Muchas variables, como la personalidad o vocación de cada uno, puede que dificulten la estimación. Pero una encuesta indicó que el promedio está entre veinticinco mil y treinta mil. La mayoría de las respuestas probablemente serán más bajas). Tras citar el promedio sugerido, pide a un voluntario que lea Proverbios 10:19. Este versículo indica que cuanto más hablamos, más fácil es que cometamos errores con nuestra lengua.

2. Pregunta: *Piensen en alguien que conozcan que se comunique bien. ¿Qué hace esa persona que le hace ser un buen comunicador?*

3. Es útil tener ejemplos concretos de comunicación vacía entre esposo y esposa, y comunicación íntima. Escribe dos columnas en tu pizarra o cuaderno didáctico con los títulos: "Vacía" e "Íntima". Pide al grupo que aporte ilustraciones específicas de una comunicación vacía en el matrimonio. Un ejemplo podría ser el hábito del marido de leer o enviar mensajes en el teléfono celular durante una comida juntos.

4. Después, pide ilustraciones específicas de una comunicación íntima en el matrimonio. Un ejemplo es un hombre que comparte sus peticiones de oración respecto a su trabajo.

5. Entrega a todos una hoja de papel y una pluma. Pide que alguien lea Efesios 4:29 en voz alta. Después, pide que todos hagan tres preguntas que podrían usar para evaluar sus palabras y acciones en una conversación con su esposa. Deja dos o tres minutos de silencio mientras los miembros del grupo escriben sus preguntas. Finalmente, invita a las personas a expresar sus preguntas. (Ejemplos de preguntas son: *¿Lo que voy a decir edifica a mi esposa o la desanima? ¿De qué manera podrían ser destructivas para mi esposa las palabras que voy a decirle? ¿Qué necesidad van a suplir mis palabras? ¿Lo que voy a decir dará gracia a mi esposa?*).

6. Pregunta: *¿De qué formas pueden los esposos edificar a su esposa mediante la conversación?* (Pueden saludarla afectuosamente al llegar del trabajo a casa; elogiar su aspecto o algo que haya hecho; hacerle preguntas acerca de su día; darle una retroalimentación constructiva en vez de crítica).

7. Pregunta: *¿Cuándo dijo algo otra persona que les animó o suplió una necesidad personal?* Deja que las personas expresen lo que dijo la otra persona, cómo les hizo sentir eso y por qué. Después de oír varios casos, enfatiza que esto es lo que queremos que haga nuestra conversación por nuestra esposa.

8. Indica al grupo que analice los obstáculos para la comunicación enumerados en el capítulo. Pregunta: *¿Han experimentado estos obstáculos en su matrimonio? ¿Cuáles fueron los impedimentos? ¿Cómo les mostró Dios la necesidad? ¿Cómo les está ayudando Él a superar este obstáculo, o cómo podría Él ayudarles?*

9. Indica al grupo que miren las ayudas para la comunicación enumeradas

en el capítulo. Pregunta: *¿Qué ayudas podríamos añadir a esta lista?* (Anima a que den respuestas basadas en sus propias experiencias).

10. Pregunta: *¿Cómo han usado una o más de estas ayudas? ¿Cómo les ha ayudado Dios a hacer esto?*

11. Pregunta: *¿Qué ayuda es la más difícil para ustedes de implementar, y por qué?*

12. Pregunta: *Miren los cinco niveles o círculos de comunicación tratados en el capítulo. ¿Qué nivel describe mejor su matrimonio? ¿Qué tienen que hacer para pasar a un nivel más profundo? ¿Qué obstáculos hay que retirar? ¿Qué ayudas deberían implementar esta semana?*

13. Distribuye a los miembros del grupo en subgrupos de tres o cuatro personas para orar unos por otros sobre sus respuestas a la pregunta 12.

ACTIVIDADES ANTES DE LA SIGUIENTE SESIÓN

Pide a los miembros del grupo que lean el capítulo 8.

Sesión 8
UN HOMBRE DE JESÚS

OBJETIVOS DE LA SESIÓN

1. Destacar lo que hemos aprendido en este estudio.

2. Para los que no conocen a Cristo, que lo acepten como su Salvador.

3. Para los que lo conocen, que profundicen en Él para encontrar el poder para aplicar lo que hemos aprendido en este estudio.

PREPARACIÓN

1. Estudia el capítulo 8.

2. Si sospechas que alguien del grupo no tiene una relación con Cristo como Señor y Salvador, en algún momento de esta última sesión, explica cómo recibir a Cristo. Si no sabes cómo hacerlo, quizá tu pastor te pueda dar sugerencias. También hay disponibles en línea maneras sencillas de hacerlo. Por ejemplo, el Dr. Stanley da una corta presentación del evangelio en su sitio web en español Ministerios En Contacto, encontacto.org/Dios. Quizá quieras hacer esto durante tu reunión o juntarte con las personas de manera individual.

DISCUSIÓN

1. Pregunta: *¿Qué impacto ha tenido este estudio en su vida como esposo y padre durante este mes? ¿Nombra una cosa que harán de forma diferente a partir de ahora?* Anima a los hombres a responder esta pregunta, pero no les obligues a hacerlo.

2. Esta es una pregunta parecida, pero no idéntica. Hay una diferencia crucial que tiene que ver con el tema de esta sesión: qué significa ser un hombre espiritual. Pregunta: *Su fe en Cristo, ¿qué impacto ha tenido en su vida como esposo y padre durante este mes? ¿Nombra una cosa que harán de forma diferente a partir de ahora como resultado de su fe en Cristo?* Pregunta a los hombres si sus respuestas son las mismas que las de la pregunta anterior, o si quieren añadir o decir algo distinto. Si algunos miembros del grupo no son creyentes, no es necesario que hablen. La idea aquí es que los miembros del grupo averigüen si Jesús, la Persona viviente, está activa en sus vidas o si solo están descubriendo consejos que podrían conseguir de cualquier buen psicólogo. Esos consejos son mejor que ninguno, pero sin Cristo activo en nuestra vida, inevitablemente veremos que nos falta

algo como esposos y padres. En nuestras fuerzas, nuestro recorrido es limitado.

3. Si quieres hablar de cómo recibir a Cristo, es un buen momento para hacerlo. Recibe preguntas y discusión. Da la oportunidad de responder mediante una oración en silencio, y anima a todos los que tomaron la decisión a hablar contigo después de la sesión.

4. El capítulo sugiere varias formas en que un hombre puede modelar su fe ante su familia: pedirles que oren por algo, orar con ellos, tener charlas nocturnas, tener devocionales diarios con la familia, llevar a la familia a una buena iglesia, etc. Pregunta: *Si ya han hecho una o más de estas cosas, hablen de lo que están haciendo. ¿Qué impacto creen que ha tenido en su familia?*

5. Pregunta: *¿Qué retos afrontan para orar y charlar regularmente con sus hijos, o tener sus propios devocionales diarios?* Permite que el grupo resuelva estos problemas y aporte soluciones. Sin embargo, ten cuidado con cualquiera que dé consejos con demasiada frecuencia a los demás y raras veces hable de sus propios fallos. No permitas que esa persona domine la conversación. Anima a la gente a decir: "Esto es lo que yo hago", en vez de: "Esto es lo que deberías hacer". Y recuerda al grupo que dejar que un hombre hable de sus luchas es a menudo mucho más útil que intentar arreglar su problema.

En algunos casos, quizá algún hombre no quiera admitir que le da miedo orar con su familia o pedirles que oren por algo. Puedes plantearlo de manera hipotética: *¿Qué ocurriría si un hombre nunca ha orado con sus hijos a la hora de dormir y está nervioso porque no sabe cómo comenzar a hacerlo? ¿Cómo puede comenzar?*

6. Pregunta: *¿Alguien tiene alguna pregunta que quiera tratar acerca de cualquier punto del material del libro?* Hablen de ellas como grupo.

7. Divide el grupo en subgrupos de tres o cuatro personas. Pide que cada persona exprese (1) la idea más útil que ha recibido de este estudio y (2) una petición de oración a la luz de los defectos o necesidades expuestos por este estudio. Después que cada persona hable, uno o más miembros del subgrupo pueden orar por él o por ella y luego pasar a la siguiente persona.

APÉNDICE A
Principios de instrucción de Proverbios

Junto a cada versículo, resume el versículo con tus propias palabras. Estudia estos versículos; después en la sección de "conclusiones", enumera las observaciones más importantes o principios guía que veas.

Proverbios 3:12

Proverbios 13:24

Proverbios 19:18

Proverbios 22:15

Proverbios 23:13-14

Proverbios 29:15

Proverbios 29:17

CONCLUSIONES:

APÉNDICE B
Bosquejo de Efesios 5:22-33

I. Instrucciones para las esposas: Someterse (vv. 22-24)
    A. A sus propios esposos (v. 22)
    B. Como al Señor (v. 22)
    C. Motivo de la sumisión: el marido es cabeza (v. 23)
    D. Como la Iglesia está sometida a Cristo (v. 24)
    E. En todo (v. 24)

II. Instrucciones para los maridos: Amar (vv. 25-30)
    A. Cómo amar a su esposa
        1. Como Cristo amó a la Iglesia (v. 25)
        2. Como Cristo se dio por la Iglesia (v. 25)
        3. Como a sus propios cuerpos (v. 28)
        4. Como sustentan y cuidan su propia carne (v. 29)
    B. Evidencias de amarla
        1. Santificarla (v. 26)
        2. Purificarla por la Palabra (v. 26)
        3. Presentarla (v. 27)
            a. Sin mancha
            b. Sin arruga
            c. Santa

III. Establecimiento del matrimonio (v. 31)
    A. Dejar a los padres
    B. Unirse el uno al otro
    C. Ser una sola carne

IV. Analogía del matrimonio: Cristo y la Iglesia (v. 32)

V. Resumen de la instrucción de Pablo (v. 33)
    A. A los maridos: Amar
    B. A las esposas: Respetar

EDITORIAL PORTAVOZ

NUESTRA VISIÓN

Maximizar el efecto de recursos cristianos de calidad que transforman vidas.

NUESTRA MISIÓN

Desarrollar y distribuir productos de calidad —con integridad y excelencia—, desde una perspectiva bíblica y confiable, que animen a las personas a conocer y servir a Jesucristo.

NUESTROS VALORES

Nuestros valores se encuentran fundamentados en la Biblia, fuente de toda verdad para hoy y para siempre. Nosotros ponemos en práctica estas verdades bíblicas como fundamento para las decisiones, normas y productos de nuestra compañía.

Valoramos la excelencia y la calidad
Valoramos la integridad y la confianza
Valoramos el mérito y la dignidad de los individuos y las relaciones
Valoramos el servicio
Valoramos la administración de los recursos

Para más información acerca de nuestra editorial y los productos que publicamos visite nuestra página en la red: www.portavoz.com